沙因谦逊
领导力丛书

谦逊领导力 2.0

关系、开放与信任的力量

[原书第2版]

HUMBLE LEADERSHIP

The Power of Relationships, Openness, and Trust
(2nd Edition)

[美]
埃德加·沙因
(Edgar H. Schein)
彼得·沙因
(Peter A. Schein)
著

徐中 译

机械工业出版社
CHINA MACHINE PRESS

Edgar H. Schein and Peter A. Schein. Humble Leadership: The Power of Relationships, Openness, and Trust, 2nd Edition.

Copyright © 2018 and 2023 by Edgar H. Schein and Peter A. Schein.

Simplified Chinese Translation Copyright © 2025 by China Machine Press.

Simplified Chinese translation rights arranged with Berrett-Koehler Publishers through Andrew Nurnberg Associates International Ltd. This edition is authorized for sale in the Chinese mainland (excluding Hong Kong SAR, Macao SAR and Taiwan).

No part of this book may be reproduced or transmitted in any form or by any means, electronic or mechanical, including photocopying, recording or any information storage and retrieval system, without permission, in writing, from the publisher.

All rights reserved.

本书中文简体字版由 Berrett-Koehler Publishers 通过 Andrew Nurnberg Associates International Ltd. 授权机械工业出版社在中国大陆地区（不包括香港、澳门特别行政区及台湾地区）独家出版发行。未经出版者书面许可，不得以任何方式抄袭、复制或节录本书中的任何部分。

北京市版权局著作权合同登记　图字：01-2023-4486 号。

图书在版编目（CIP）数据

谦逊领导力 2.0：关系、开放与信任的力量：原书第 2 版 /（美）埃德加·沙因（Edgar H. Schein），（美）彼得·沙因（Peter A. Schein）著；徐中译. -- 北京：机械工业出版社，2025. 9（2025. 11 重印）. -- ISBN 978-7-111-79017-4

I . C933

中国国家版本馆 CIP 数据核字第 2025E19Q61 号

机械工业出版社（北京市百万庄大街 22 号　邮政编码 100037）
策划编辑：李文静　　　　　　　　责任编辑：李文静　吕　伟
责任校对：孙明慧　马荣华　景　飞　责任印制：刘　媛
三河市宏达印刷有限公司印刷
2025 年 11 月第 1 版第 2 次印刷
147mm×210mm・6.625 印张・3 插页・109 千字
标准书号：ISBN 978-7-111-79017-4
定价：79.00 元

电话服务　　　　　　　　　网络服务
客服电话：010-88361066　　机　工　官　网：www.cmpbook.com
　　　　　010-88379833　　机　工　官　博：weibo.com/cmp1952
　　　　　010-68326294　　金　书　网：www.golden-book.com
封底无防伪标均为盗版　　　机工教育服务网：www.cmpedu.com

谨以本书献给未来的年轻人。

如今,这个世界面临的风险更高了。在撰写《谦逊领导力》第 1 版的时候,我们已经充分意识到全球气候变暖对地球造成的影响。在那之后,我们看到了更多令人担忧的事情。我们向那些致力于保护我们脆弱的气候不受灾难性事件影响的领导者致敬,希望谦逊领导力能够帮助他们为我们的子孙后代建设一个健康的地球。

目　录

推荐序
推荐语
译者序
前言

第一部分　谦逊领导力的本质是什么

第 1 章　领导力的新方式 | 002

谦逊领导力是所有领导力形式的必要基础 | 003
领导力是创造和实现更新更好的成果的过程 | 003
社会 – 技术系统中的效率和有效性 | 005
实践中的谦逊：谦逊情境力 | 008
文化在领导力中的作用 | 010
总结 | 012

第 2 章　建立更好的个人关系 | 014

什么是关系 | 015
关系层级 | 016
情感是关系层级的重要指标 | 032
总结 | 033

第二部分　谦逊领导力在不同情境下的案例

第 3 章　组织创立和建设过程中的谦逊领导力 | 036

案例 3.1　共同把新加坡建设成为一个现代化城市国家 | 037
案例 3.2　第一代技术创新者的领导力基础 | 041
案例 3.3　将医疗机构改造为具有 2 级关系文化的机构 | 047
总结 | 054

第 4 章　组织变革过程中的谦逊领导力 | 056

案例 4.1　海军舰长打破等级惯例 | 057
案例 4.2　在一家大型化工集团培养共情 | 064
案例 4.3　在一家陷入困境的公用事业公司中创建社会责任项目 | 068
总结 | 076

第 5 章　谦逊领导力中的群体动力学 | 078

群体过程和体验式学习越来越受到关注 | 078
案例 5.1　一种让各单位基于共情实现协同合作的流程 | 082
案例 5.2　海军舰队司令打破 1 级交易型等级制度的案例 | 084
案例 5.3　在医院集团中将谦逊的问讯作为改进工具 | 088
案例 5.4　将群体理论引入技术改进工作 | 090
总结 | 091

第三部分　文化与谦逊领导力的未来

第 6 章　谦逊领导力中的文化动力 | 094

理解文化的一种模型与一组术语 | 095

文化的结构 | 096
文化的实践 | 098
文化变革的动力 | 102
案例 6.1　根深蒂固的等级制度如何破坏 2 级关系：
　　　　　布莱恩的故事 | 106
案例 6.2　透明管理与意外后果：BCS 公司的故事 | 111
一种常见的模式 | 117
总结 | 118

第 7 章　预见谦逊领导力的未来 | 120

总结 | 132

第 8 章　谦逊领导力的启示 | 134

故事：一家初创企业如何沦落为官僚机构 | 136
总结 | 141

第四部分　谦逊领导者的体验式学习

第 9 章　秉持谦逊领导力态度 | 144

练习 9.1　正念反思 | 145
练习 9.2　构建基本关系图 | 146
总结 | 153

第 10 章　谦逊领导力的行为和团队技能 | 154

学习准确地观察 | 154
　练习 10.1　柠檬练习 | 154

学习新行为以改变关系层级 | 157
    练习 10.2　从零开始建立一段关系 | 157
在你的工作关系中，规划和实施一些改变 | 160
    练习 10.3　在关系图中创建一个新的关系层级 | 160
群体决策中的谦逊领导力 | 161
    练习 10.4　群体决策的多种方式 | 162
总结 | 165

参考文献 | 167

致谢 | 171

推荐序
为人之道

翻译是个创作过程，让人战战兢兢。极有思想的作者、富有创见的著作、新颖的概念，让你认得、（认为）懂得却"lost in translation"（迷失于翻译中）。此中有真意，欲辨已忘言。比如我经常将《小王子》作为领导力必读书推荐，书中的法语"apprivoiser"，英文译本用了"tame"一词，这在汉语中有"驯养""驯服""驯化""羁绊"之意。再比如，随着欧美对中国经济与管理特殊性的兴趣提升，"guanxi"作为一个外来词直接进入英文管理研究的厅堂，而摒弃了曾经译者以"relationship""network"或者"special connection"来概括的努力。"变革型领导"作为"transformational leadership"的译法似乎已经得到了公认，但这里的"变革"与科特"领导即变革"之中的"变革"有无不同？伯恩斯所开启的对"transactional"与"transformational"的比较，究竟是之于事（业），还是之于人（们）？

仅仅是语言维度上的严格精准的翻译，并不能排除造成更大范围的误读误伤。譬如，在不同的文化中，词语各有其褒贬。以"交易"来说，将"transactional leadership"译为"交易型领导"，就已然具有了某种判决的效力。2002年我翻译"leading quietly"之时，"沉静"尚不是个管理学大词，译成"默默领导"就少了在策略上的质感。个体主义还是个人主义，不仅是个译法的问题，还直接影响到伦理上是否有立场上的正当性。社区、社群，乃至于共同体，都来自"community"一词，却需要悉心区分，毕竟在中文语境下，就不自觉地呈现出是着眼于场所、平台，还是看重活跃于之上的人，甚或对人群是否有机建构关系所做出的判断。而德鲁克赋予管理学以"liberal arts"（博雅器识）的温度属性，却又一次让这个在教育学界众说纷纭的词语激荡起管理学者的层层脑波。

我既不是为译者们诉苦——向坦诚直陈"我们翻译不了德鲁克"的同道致敬，也并不认为就得有个标准答案、一致意见。让讨论继续、衍化，推敲本身就有积极的意义。难言，多因为与人文相关，与文化相融，与时代相嵌；难言，是因为你不肯忍痛割舍原来的绝妙。于是，人们参照着不甘舒服下咽的译法，也正是在体会着人文的复杂，参看着不同的文化，深化着对时代的理解。济慈所说的"negative capability"（负容力），是承载和容纳，人能够安于不确定、神秘与怀疑，而非性急地追求事实和原因，悦纳难言；或是如菲茨杰拉德所说，头脑中能同时存在两种相反的想法而仍保持行动能力，以智涵知。难言、误会，正体现着深刻的人文性、人与文的丰富性；意会与言传之间的"lost in translation"，更体现出人性、人无法被机器（轻易）替代的价值。

这就说到了人的价值。如果你当管理学是博雅学问，是优先修养器识而非兀自训练的技能，那么人的价值应该就在管理目标的核心。只是沉浸于高新技术和细节中，人的价值不知不觉地就被管理的各种目标函数忘却了。在管理学院中，即使名字里带着"人"字的课程，也恐怕更多关注的是人力作为一种资源的价值，而非人的价值、人自身的价值。许多高超、漂亮的定量研究，都以公司的股价变化以及市场占有率、利润或财富的增减来衡量某种管理工具、管理方式是否有效，是否值得推广。这不由得让我想起了《小王子》中的一段话：

这些大人就爱数字。

当你对大人们讲起你的一个新朋友时，他们从来不向你提出实质性的问题。

他们从来不讲:"他说话声音如何啊?他喜爱什么样的游戏啊?他是否收集蝴蝶标本呀?"

他们却问你:"他多大年纪呀?弟兄几个呀?体重多少呀?他父亲挣多少钱呀?"

他们以为这样才算了解朋友。如果你对大人们说:"我看到一幢用玫瑰色的砖盖成的漂亮的房子,它的窗户上有天竺葵,屋顶上还有鸽子……"

他们怎么也想象不出这种房子有多么好。

必须对他们说:"我看见了一幢价值10万法郎的房子。"那么他们就惊叫道:"多么漂亮的房子啊!"

"实质性的问题"!这些被想着干许多大事、算着许多大账的"大人们"丢失掉的对这些"实质性的问题"的关心,却正是沙因教授这几十年来研究、咨询、教学的重心。他的著作中没有那么多的数字,没有截面数据或大规模问卷调研,他只是以冷静耐心的态度,以医者仁心的立场,娓娓道来一个又一个他花了几年、十几年功夫深入其中的组织故事,以及他从这些故事中洞察抽象出来的概念、模型。他关心因为组织起来而更有效率的人们,如何克服因此而形成的组织与个体的诸多对立;他关心组织所形成的心智模式、基本假设，如何不因其司空见惯而发展到某一天的岌岌可危。他像是管理学者群落中的安迪·杜佛兰（Andy Dufresne），由衷地想要知道第一夜就没熬过去的狱友的名字，拒绝以编号来称呼失去人身自由的每一个人，并超然无我地鼓励大家抱持对自由的守望。

德鲁克的"liberal arts"（博雅器识），麦格雷戈的"human side"（人性面），沙因的"personization"（人心化），都是在提醒管理者在达成组织外在目标的同时，要看到组织这个森林里仍然有着一棵棵活生生的独特树木，而不是以木材生产的流水线标准去计算不同组织成员的价值。这是组织的"实质性的问题"。

管理工作对于整个社会的贡献，不只是基于组织这个整体而言的。管理工作的重要产出（之一）、常被作为副产品或根本不作为产出品的，是管理中人与人之间的关系，是这些关系因为管理工作而产生的变化——正向的、健康的、开放的、信任导向的、可持续的，抑或是负向的、病态的、防御的、博弈导向的、破坏性的。这些关系无论是发生在组织内部还是组织之间，是上下级之间还是平级之间，长期的还是阶段性的，公开的还是隐秘的，如果我们透过组织这层皮囊透视过去，就都是社会中的个体之间的关系，在动态演化中,如涟漪般,进一步地波及社会中的其他个体、群体(通过他所扮演的其他社会角色的人际交互)。

这就像是纪实小说《公共汽车咏叹调》中的众生。如怀特笔下的组织人(the organization man),也是社会人,组织不是他的全部,他对社会的影响超过组织的边界和组织角色的局限。在这种考量下,组织成员之间的关系,或因为管理工作而发生的关系变化,并非只是组织内务,而都有其重要的外部性、社会价值。毕竟,一个人的职业角色无法与他的其他社会角色、家庭角色分割、分隔。"transaction"中的双方,究竟算交道、交易还是交情?领导与追随,是驭人统率还是相互成就?咨询与问讯,怎样才是诚恳,如何才算够专业?帮助如何才能得体合宜,帮助者怎样才不会变成精神上的侵入者、关系上的操纵者,帮助本身如何不混杂道德劫持?是着眼于问题的权宜解决还是人间的扶持提携?这些问题,也许不是如何让组织更高效运行的管理问题,不好用算法去优化求极值,却关乎着组织、社会和人的未来。领导、咨询、问讯、帮助,应该也是改善、造福社会和人生的方式。毕竟,生活与工作的丰盈,关系其实是重要基础。

关系真的是一门大学问,但不是功利性的关系学,只将人以及人与人的关系当作工具;人是目的,关系本身已是价值自在；不是出于"just-in-time"（即时）的应激或者"just-in-case"（有备无患）的算计而缔结关系，而是"just-in-joy"（乐在其中）、"just-in-belief"（出于人性），甚至"just-into-you"（想想《小王子》中的"apprivoiser"）。为（wéi）人的目的，依然是为（wèi）人。若非如此，目的扭曲的种子长不出正直的果实。耗费心力的关系技巧，不管多么机巧地利用着、勾引着、放大着人性的弱点，不过是甘愿被物欲奴役，让事（物、财、绩）的价格高企，让人之为人的价值蒙尘。是的，在管理者越来越精妙的效率竞赛中，事而非人、价格而非价值成了目的与核心，成了攻略的关键。这些"guanxi"或是"network"，成了人脉而非人心，与信任、开放的关系背道而驰，终不得安宁。

也许你会好奇，沙因（父子）为什么将这一系列以"humble"（谦逊）作为主题？这是不是一种新研发出来的以退为进、佯弱胜强的新领导力秘籍、咨询策略、问讯技巧，或是寻求帮助的敲门砖？不，不是的。

当然，谦逊反映着沙因教授的本色性格，他真是个不争之人——沙因不争万物立，海能卑下众水归。细沙不争，万物立在其上；大海卑下，众水归入其中。2004年我写过《沙因老头》的故事，说过这位大师前辈的逸事，有兴趣可寻来看。而在这个系列中，我的体会是，沙因所突出强调的谦逊，不是故作姿态的低调，不是策略性的示弱，而是对组织成员各具特色、各擅胜场的尊重，是对知识与判断力在组织中以分布式呈现的理解，更是对世俗意义上的各个居高临下的角色（领导者、咨询顾问、问讯者、帮助者）的一种特别提醒与反正。"不自见，故明；不自是，故彰；不自伐，故有功；不自矜，故长。"自然而然，平等待人，敬畏专业，止于至善。在这种对谦逊的强调之中，蕴含着对人与关系的珍视，以谦逊作为界定、修饰的领导力、咨询、问讯与帮助，人与关系就必须放在目标函数中，作为这些人际互动的核心产出，而不能（只）作为实现其他外显目标的有效手段。

在教育的场景中，谦逊与关系之道具有很强的启发性。师生之间，师尊生卑，或是学生客户化、教学服务化，都非正途。弟子不必不如师，师不必贤于弟子，谦逊是自然的、必需的。若以一颗心灵唤醒另一颗心灵来理解教育的本质，师生互动也绝非业务性的、命令性的、单向式的、就事论事的、知识导向的，而以"personization"（人心化）来建设相互尊重、合作、信任的师生关系，能够让师生双方都获得成就感与生命价值的体验，获得 2 级关系的积极实践，促进学生（以及老师）自由个性、健康人格和君子器识的确立。

小班教学作为一种方向，在很大程度上并非由于知识传授在较大群体中存在困难，而在于人心化的切实可行。同时，要看到在知识能力提升之外，在学生品格锤炼、德行修养之外，师生关系、生生关系也都是教育的重要成果，并不因为正式的教与学过程结束、学校阶段完成而终结。值得探究的是，古人常以"亲其师"（也是一种人心化）作为"信其道"的前提，而"亲其生"该是"传其道"的良好基础，然后教学相长，彼此造就。师生之亲，同侪之谊，社群之凝聚，本身就是教育之大美。

在家庭的场景中，谦逊与关系之道就得要沙因父子再认真地写几本书。家庭中的信任与忠诚关系仿佛是毋庸赘言的天经地义，但3级关系甚至2级关系，又在多少家庭中真正存在？父母之道似乎是不需要教与学就能自动掌握的，反正谁能（敢）说我不会当爹？"相爱是容易的，相处是困难的"，婚礼是热烈的，但接下来的日常生活并非仪式活动。相互长期持续"伤害"的家庭成员关系，比-1级关系（没有人情味的支配与强迫）更糟糕，列为-2级，这种关系无法摆脱，其中一方认为自身可以理所应当地对另一方进行干涉与强求。而外界很多时候认为这是合情合理的。不意外地，捅破窗户纸看，即使是形式上的谦逊也往往是用在外人身上的，于家人,则可全免。人心化,是不为也,非不能也,甚至因了解更深,伤害也更准。所以,沙因父子将本书的读者群列得很广泛,从他们认为最需要也最用得上的企业组织,到政治、体育、非政府等各种社会组织,从与人打交道的各种岗位,到因知识不对称而权威化的各种角色,都是本书再合适不过的读者对象。但是,沙因没有说到家庭这种古老而又不断变异的社会组织,该是这本书的靶心读者之一,是个遗憾。这可不能灯下黑。谦逊、关系,具体到家庭场景中——对亲人好好说话,真正学会帮助的度,尊重(最起码要倾听)家人的不同(意见或是人生选择),谋求彼此的共赢(而不是动不动就要牺牲),给空间让各自保持独立,等等;这些基本的相处之道,沙因的谦逊系列,可以作为必读,如果希望成为一个合格的家庭成员的话(好的家庭成员,真的不是生出来的;好的家庭相处之道,真的不是生来就会的)。

过去常在教学结课时被邀请给学生写寄语,记得其中有一句写过几次的话,算是有些沙因味道——"MBA不是人手,更不是造就、使唤人手的人上人"。人手是相对于"有心的人"而言——MBA也好,大学培养的各种人也罢,即使干着细碎的、辛劳的、平常的工作,也不能当自己只是个人手(hiring hands),而一定要有仁心(higher purpose)。如果你读懂、弄通了沙因的谦逊观，从仁心出发，重新审视管理行为，就会知道这种"人上人"之于他人、组织和社会的危害极大，因为这种"人上人—人手"的搭配，在合法合理地、很有效率地助长着人的价值持续地被物化。人手与人上人，都与沙因的谦逊相悖，都远离了人、人性、人的价值。

为人之道，说的是管理应是为（wèi）人的；管理，作为一个人为的行为，终是为了人的价值，方能回归到初心。读读沙因吧，这是仁者的声音，希望你用心去听。

仁者沙因，谦逊为人。

杨斌　教授

清华大学经济管理学院领导力研究中心主任

推荐语

在组织文化和领导力领域，我个人深受沙因教授的影响。他的"洋葱模型""职业锚"等发现影响深远。这本书回答了我对组织行为和管理实践的追问。

谦逊领导力，不是告诉我们一种新的领导力，而是启发我们对领导力进行时代性的反思，启发管理者以开放的胸襟、生态的思维、自以为非的精神去追求领导力的最高境界——"太上，不知有之。"

周云杰　海尔集团董事局主席兼首席执行官

卓越领导者无不是英雄。正因为是英雄，他们无不是识时务者；而识时务者，则无不拥有谦逊开放的品格。

我们今天正处于极端"时务"的时代。任何组织的任何领导者，欲在大时代的沧海横流中，做"顶天立地"的"大个子"，就必须修正领导者的传统形象：从"孤胆英雄"向"俯首甘为学习者"转身；从号令"千山万水"向融入"千军万马"转身;从"只手撑天"向"共度艰危"转身。

埃德加·沙因的这本书出版得正是时候。比如特朗普总统就应该读读这本领导力新著。对中国企业家群体而言,此著不啻为炎炎夏日的习习凉风,它会让患上"胜利病"的"帝王式"企业家们人格觉醒,亦会让染上"躺平症"的"受挫型"企业家们勇毅奋起,对绝大多数企业家在"未来事,黑如漆"的时与势的巨大迷茫中,也一定会有豁然开悟的启迪:卸下盔甲,俯下身段,向新技术学习,向"关系"学习,向同侪学习,向员工学习,向对手学习,向客户学习。总而言之,开放而谦逊地向一切先进学习。

谦逊是一种更强韧的领导力特质。动荡时代需要英雄,谦逊是英雄领导力诸种品质的基石。

田涛　华为公司高级管理顾问、《在悖论中前进》作者

作为一名深信"行为即文化"的贝壳人,我向各位同仁力荐这本书!本书深刻揭示了文化——我们"累积的共享知识"与行为习惯——在领导实践中的核心作用,这与我提倡"笃信、践行、多说"的文化建设理念高度共鸣。

书中强调,真正的领导力绝非独断专行,而是**笃信**团队智慧的力量。领导者需要**践行**谦逊情境力——深度洞察现有

文化（包括技术与社会文化维度），理解其如何助力或阻碍创新。这要求我们**多说**，更要**多倾听**，以开放心态拥抱不同声音，让团队成员共同参与探索"更新更好"的解决方案。

在贝壳这个以"累积共享"推动行业进步的平台上，这本书为我们提供了关键的思维框架：唯有放下身段，理解并尊重团队累积的知识与行为（文化），才能真正凝聚共识、驱动变革。它帮助我们让领导行为本身，成为塑造更开放、更协作的贝壳文化的最佳**践行**。**躬身入局，谦逊共进，方能致远！**

李峰岩　贝壳集团首席运营官

中国企业领导者，很多都不是谦逊领导者。有些表面谦逊，骨子里却非常骄傲，甚至傲慢和自恋，其实是一种假谦逊。他们成功了，受到了太多社会奖赏，下属大多也怕他们。当然这种自以为是的能量是这些领导者过去成功的关键之一。展望未来，单打独斗英雄般的领导者越来越走不下去了！在 AI 颠覆一切的新时代，效率加创新双轮驱动的发展模式，需要企业大幅度提升集体智慧和集体能量，更好地集思广益、群策群力、众志成城。这样的组织呼唤充满好奇、心态开放、重视关系、强调信任、同理共情的谦逊领导者。

这也许是沙因教授主张谦逊领导力是 21 世纪领导力的基石的重要原因。

徐中博士长期致力于领导力的传播、推广和发展，他介绍翻译的每一本书，都是领导力领域的佳作。向他致敬！

陈玮　CGL 集团副董事长、CGL 咨询业务 CEO

北大汇丰商学院管理实践教授

译者序
无谦逊，不领导

有些"神一般的人物"，你看过他写的书，成了他的粉丝，但做梦也没有想到自己会真的见到他，甚至翻译他写的新书！

于我而言，被誉为"组织文化之父"、麻省理工学院斯隆商学院的荣休教授埃德加·沙因就是这样一位大人物，他的《组织文化与领导力》《企业文化生存与变革指南》是研究组织文化和领导力必读的经典，让我受益匪浅。

2014年6月，《领导力》作者库泽斯和波斯纳在美国旧金山主办了领越®领导力峰会，时年86岁的沙因教授精神矍铄地参加了为期2天的大会，并且做了有关"领导力与组织文化"的主旨演讲。那两天，我坐在他的旁边，有些梦幻般的感觉。2019年年初，出版社邀请我翻译沙因教授90岁高龄时写作的《谦逊领导力》（第1版）一书，我一边翻译学习，一边感叹不已，深深为他终生炽热的学术情怀、高屋建瓴的博学智慧、大道至简的高产著作震撼和折服！沙因教授和德鲁克、本尼斯、季羡林等都属于终生著述不辍的学术 Guru（大师），是学者们"虽不能至，心向往之"的理想楷模！

2020 年 7 月 18 日，出版社邀请沙因教授和他的儿子彼得·沙因在线与肖知兴博士及我对话，在探讨《谦逊领导力》的两个多小时中，有十多万人观看。最吸引我的是，沙因教授讲述了和本尼斯于 20 世纪 50 年代在麻省理工学院斯隆管理学院开设领导力课程的故事，尤其是学生的作业是制作一部 10 分钟的影片来谈谈他们心中的领导力。最后，我利用主持人的身份，询问沙因教授保持青春活力的秘诀何在？他幽默地回答说："我想我的秘诀就是保持当下的谦逊。在健康养生方面，我会询问专家，很认真地聆听医生的意见，我很注意我的饮食，我也很认真地听取孩子和朋友给我的反馈和建议。而且，我一直在保持工作，我真的很喜欢工作，我也真的很喜欢写作，尤其在过去五年，我的身体里面注入了一股新的能量源泉，就是和我的儿子彼得·沙因一块儿写作，这对我来说尤其能够提振我的精神。所以，我们会一直工作下去，直到我们电量耗光为止，但是现在电量还很充足。所以，秘诀就是持续工作。"

一晃五年过去了，当我翻译《谦逊领导力 2.0》时，可爱的"沙因老头"已经驾鹤西去,但他的音容笑貌永远留在我们心中!

沙因教授这本《谦逊领导力2.0》可谓是其收官之作,高屋建瓴地概括了领导力的本质,展望了未来的领导与组织文化,为AI时代的领导力与组织建设,提供了前瞻性指导。在此,我分享三点感受,与读者朋友共勉。

第一,本书重新定义了"领导力",并提出了一系列全新的概念。沙因提出,领导是一种关系,是一个在充满活力的人际互动中学习、分享和指导团队采取更新更好的行动的过程,这种充满活力的人际互动过程日益成为当今组织的重要特征。本书的核心观点认为,组织的创新和增长依赖于建立2级关系。卓越领导需要谦逊情境力（situational humility）,即因谦逊而能洞察情境的本领,从而实现群策群力,做出正确的判断和决策。

沙因教授从文化角度定义的四个关系层级对于我们厘清和建立高绩效的协作关系具有重要的指导作用:

-1级:负面关系,其特点是基于权力的不平等而产生的支配、强迫和非人性化的控制（例如,狱警与囚犯之间的关系）。

1级:交易关系,基于角色和规则的人际互动,常见于服务行业、零售工作以及大多数形式的"专业服务"的帮助关系中。

2级：全人关系，建立在信任和人心化基础之上，常见于友谊和高效协作的团队之中。

3级：亲密关系，其特点是情感联系紧密，关系中的双方彼此完全投入（例如，恋人或配偶）。

未来的领导力趋势是基于"2级关系"的谦逊领导力，是一种抛弃"个人竞争"和英雄决定成败的旧模式，建立在团队成员或团队与团队之间更个人化的关系基础上，与更人心化、更加信任和开放的文化紧密联系的新模式。领导力不仅仅来源于特定的或任命的领导者，也可以来自团队成员，人人都可以在某个特定情境下发挥领导力。实际上，华为的轮值董事长制度就可以视为高管团队谦逊领导力的一种实践。

第二，组织基业长青的核心在于人们如何以一种社会化、情感性和合作性的全人关系进行互动、协作。沙因认为，领导者面临的挑战是如何观察、吸收和解读数量急剧增加的信息，并认识到单靠自己不能应对现实的问题。领导者做出最佳决策所需的一些关键信息来自直接下属、同事或相关部门人员的想法，而他们可能没有权力或责任参与决策。

从某种意义上讲，谦逊领导力是21世纪领导力的基石。谦逊领导力是"服务型领导、变革型领导或包容型领导等"各种领导模式的基础，并能与它们相互补充。实际上，我们经常在高校、医院、社区组织、球队、剧组中看到谦逊领导力的影子，这是一种平等、开放和信任的共创式合作关系，人人都在自觉参与、自愿发挥领导力，展现最好的自我状态。这是以"超级个体"为主体的未来AI时代的主导领导模式。

在书中，沙因教授讲述了很多他长期跟踪的案例，包括新加坡政府、DEC（数字设备公司）、医疗机构、美国军队中谦逊领导力的成功案例，以及那些没能建立起谦逊领导力或中途阻断、最终没能取得成功的案例，这有助于我们更好地理解谦逊领导力如何做到"知行合一"的应用。

第三，谦逊领导力与吉姆·柯林斯在《从优秀到卓越》中讲到的卓越组织都有的第五级领导者相呼应，即第五级领导者身上展现出"谦逊的性格和职业的意志"的矛盾统一，他们个个都有雄心壮志，但他们把公司而非自己的利益放在第一位，他们表现出令人折服的谦逊，不爱抛头露面，保持低调，善于使众人行、激励人心，从而创造持续卓越的业绩。这是未来领导力的趋势。

这让我想起了2016年10月，清华经管学院院长钱颖一与腾讯CEO马化腾的对话。钱院长说:"别人的领导力是看得见的,你这个呢,看不见,但你实际上把这五个人,以及后面的团队都结合得很好。"

马化腾说:"关键是用好他们每个人的特长。公司有时候会有争议,我们会听听大家的想法,然后想办法平衡他们的意见。有时候矛盾非常多。往往发展不好的时候矛盾更多,大家意见会不同。说服人我觉得我还是有一套的,我主要听别人讲,然后我引导大家,让他觉得主意是他出的。我的风格不是强势的,也不是一言堂,而是互相商量……腾讯的风格也是这样,比较民主一点,比较多元化一点,让不同的声音出来,我觉得这是好事情。"

在马化腾先生身上,我们看到了谦逊领导力的影子。在华为总裁任正非、小米创始人雷军等成功领导者的身上,我们也可以看到类似的谦逊领导力的影子。

此外,我也深感沙因教授倡导的谦逊领导力与中国传统文化倡导的"君子之风"颇为神似!"君子道者三,我无能焉,仁者不忧,知者不惑,勇者不惧。""天行健,君子以自强不息;地势坤,君子以厚德载物。"从某种意义上讲,谦逊领导力就是一种"君子领导力"。

最后,特别感谢清华经管领导力研究中心主任杨斌教授对本书翻译的指导，以及在百忙之中撰写的推荐序，"人心化""谦逊情境力"等关键词的翻译就受益于杨老师的妙手偶得。感谢第一版翻译时胡金枫女士做出的贡献。感谢机械工业出版社李文静等编辑的信任和高标准要求，使得本书的翻译能够有所进步。

鉴于译者水平有限，如有不妥，敬请批评指正。

徐中博士

领导力学者

北京智学明德国际领导力中心 创始人

领越®领导力高级认证导师

前　　言

你是否发现自己陷入了一种个人主义的、充满争议的管理混乱之中，在这种环境里，卓越领导力通常被简化为一个"超级明星"做出的非凡的、英雄般壮举的故事？如果你不把领导力看成一种必须采取的"七步法"，而是一种团队成员决心实现更新更好的目标时共创的集体能量，会不会更有助于理解领导力的本质？

本书提出，领导力是一种关系，从关系的视角来探讨领导力的概念。我们认为，领导力是一个在充满活力的人际互动中学习、分享和指导团队采取更新更好的行动的过程，这种充满活力的人际互动过程日益成为当今组织的重要特征。这种领导力过程可以发生在各种情境之中，包括组织的所有层级、所有团队、所有任务小组、所有会议，无论是在紧密型还是松散型的人际网络里，无论是在集中办公还是分散办公的工作单位中，并且可以跨越所有类型的文化边界。领导力既可以来自组织指定的或任命的领导者，也可以来自团队成员。在团队为应对市场和社会的快速变化而做出响应的过程中，领导力可能会在团队成员之间产生不可预测地轮转，某些人会因自己的专长而在某些时候发挥领导力。

我们认为，领导力始终是一种关系。真正成功的领导者是在高度开放、充满信任的环境中茁壮成长的。虽然本书关注的是一种新的领导力模式，但它同时也是一本关于组织文化和群体动力学的书。

关于第 2 版

本书在 2018 年第 1 版核心观点的基础上进行了扩展，2018 年第 1 版的核心观点认为，组织的创新和增长依赖于建立 2 级关系（参见第 2 章）。我们所称的"谦逊领导力"是希望在组织中培养一种以开放和信任为特征的关系，当这种关系能够确保组织中的信息和想法实现最佳沟通，从而创造出更新更好的解决方案时，谦逊领导力就获得了成功。我们通过强调**谦逊情境力**⊖在帮助人们做出正确决策和避免错误方面发挥的关键作用，进一步拓宽了对谦逊的理解。同时，我

⊖ 谦逊情境力是指因谦逊而能洞察情境的本领。——译者注

们使用特定的术语，进一步阐明了领导力和组织文化之间的密切关系，以便谦逊领导者能够遵循具体的变革原则，实施有针对性的文化变革举措，从而克服"文化障碍"。

本书为谁而写

本书写给所有的管理者和领导者，他们有动力、有能力且能灵活推动他们的组织实现变革。公司尤为需要谦逊领导力，其他社会组织也需要谦逊领导力，如医疗机构、艺术机构、政治机构、非营利组织、体育运动队、地方社区组织等。事实上，我们也经常在上述组织的某些情境中看到谦逊领导力模式的原型。

谦逊领导力模式绝非只适用于领导者。我们认为领导力存在于所有组织的所有层级和所有角落。我们把领导力看作一种复杂的关系组合，而不是等级制度中简单的自上而下的关系，也不是"高潜"人才的非凡天赋或才能。我们必须明白，**我们的组织是一个由类似协同运作的"神经"系统所驱动的适应性有机体，而非基于过时观念构建的"运转良好的机器"**。可以说，与撰写第 1 版时相比，我们更加清楚地认识到，用机器来比喻人类系统是错误的。

谦逊领导力不仅仅是对某种角色的描述。它描述的是一种旨在实现更新更好的目标的协作关系。谦逊领导力模式不仅适用于人力资源和组织发展的领导者，也同样适用于产品经理、运营领导者、财务总监、董事会成员、投资者、医生、律师以及其他从事"帮助"性质工作的人。我们希望从所有追求个人和职业发展的人中找到这样的读者：他们能够看到组织建立起最理想的重视开放、信任和信息共享的关系所产生的影响。这种关系通过改善团队的运作方式，重新激活和赋能那些静态的、基于角色的传统组织设计，激励团队成员在合作中展现出最佳的协同表现，从而改善组织成果。

阅读本书，你会有哪些收获

关于领导力的书籍浩如烟海，其中有很多优秀的作品，它们会罗列出帮助你攀登顶峰、做出伟大成就、改变世界所必备的技能、成功公式以及理想特质。然而，我们担心的是，这些书籍过度关注英雄人物和"颠覆者"，即使这些人当时确实拥有正确的个人价值观和愿景，他们也只能在一定程度上帮助我们为应对当前和未来的工作剧变做好准备。

我们强烈建议，将重点从个人的领导力提升转向团队整体的领导力提升。你可以把本书看作一种减轻领导压力的方法：你不必独自承担所有的责任，而且你也无法仅凭一己之力完成所有任务。与其在上班前思考如何独自解决工作中的某个问题，不如尝试在上班时与合伙人、团队或工作小组（无论规模大小）成员携手合作，共同解决问题。改变世界并非你一个人所能做到。你的任务是为大家创造一个学习环境，让你和团队成员可以通过团队协作来发现问题，然后找到解决问题的方法。我们希望本书能够给你提供一些提出问题的新方法、学习的新方法，以及谦逊领导力帮助他人实现变革与成长的令人鼓舞的案例。

本书的结构

在第 1 章和第 2 章中，我们描述了谦逊领导力的愿景和作为其基础的关系理论。在第 3 章和第 4 章中，我们将分享一些谦逊领导力的故事。第 5 章将重点讨论群体动力学。第 6 章的重点是文化，我们提出了一些术语，谦逊领导者可以借此来剖析并应对组织中棘手的"文化问题"。在第 7 章，我们将讨论谦逊领导力在未来所发挥的作用，在这个未来，我们在全球范围内的沟通和行动方式正在迅速变化。在第 8

章，我们将通过一个故事，讲述组织成长和谦逊领导者必须抵制的官僚主义力量，避免组织官僚化，并对前面的内容进行总结。最后，第 9 章和第 10 章为读者提供了一系列后续的学习步骤：通过练习，帮助个人和团队深入理解并留意谦逊领导力如何帮助我们在这个充满不确定性的世界中应对变动、复杂和模糊的局势。

彼得·沙因

埃德加·沙因

于美国加利福尼亚州帕洛阿尔托

附言：本书由埃德加·沙因与彼得·沙因共同完成于 2022 年 12 月。令人万分遗憾的是，埃德加·沙因在 2023 年 1 月底逝世，享年 95 岁。他的一生致力于倾听、学习、写作、教练辅导和帮助他人，成就斐然而富有意义。

第一部分
PART 1

谦逊领导力的本质是什么

在接下来的两章中,我们将定义领导力的概念,并将其与管理和行政两个概念进行对比,同时阐释谦逊领导力与其他领导力概念在本质上有何不同,以及如何相互补充。具体地说,我们将探讨为何我们认为谦逊情境力以及建立2级关系(即认可人的完整性的关系)是谦逊领导力的本质。

第 1 章

领导力的新方式

如今,领导者想要实现突破性的创新和应对日益复杂的全球挑战,就必须心态开放、拥抱新的领导理念和领导模式。

我们可以合理而谨慎地预见,未来的经济、政治,尤其是环境危机中,可能会出现更多的易变性、不确定性、复杂性和模糊性(VUCA)。这些危机在很大程度上是技术快速发展、全球各地人们联系日益紧密,以及组织赖以持续创新和发展所需资源的日益短缺所造成的。

领导者要应对这些变化和挑战,就需要发展多种领导方式和领导风格来平衡增长机会、资源短缺、发展节奏和商业伦理之间的关系。领导者要认识到,组织的适应性和韧性将变得日益重要。我们将在本书中证明,**谦逊领导力是 21 世纪领导力的基石**。

谦逊领导力是所有领导力形式的必要基础

在阐述这个大胆的主张之前,我们需要先定义一些专业术语。谦逊和领导力是两个经过提炼的概念,它们就像切割后的钻石一样,具有多面性,是压力和时间的产物。它们是在组织应对竞争压力和时间挑战的背景下产生的。正如我们在之前的著作中所指出的,谦逊通常看起来与领导力无关(Schein & Schein,2018,2021)。现在,让我们来探讨一下为什么我们认为两者之间存在重要的联系。

我们首先从领导力的简要定义入手,以便将其与管理、行政、管治等其他各种指导与指挥人类活动的形式区分开来。

领导力是创造和实现更新更好的成果的过程

基于以上定义,谦逊领导力在管理、行政、公司治理以及现代领导力的各种细化的概念术语体系中处于何种位置呢?

我们可以将谦逊领导力视为一个基本过程,它是"服务型领导力""适应型领导力""跨界领导力""学习型领导力""包容型领导力""交易型领导力""变革型领导力"等各种领导力的基础,并能与它们相互补充。这些领导力概念强调了领导者在不同情境中的特征,而谦逊领导力则强调这些领导者特征如何推动更新更好的行动。(Ernst & Chrobot-Mason, 2011; Ferdman et al., 2021; Greenleaf, 1977; Heifetz, 1994; Kouzes & Posner, 2016)

关于理想的领导者的人格特质,存在多种理论;关于理想的领导者风格,也有诸多争论。在特定情境和特定目的下,这些理论与争论都有其合理性。无论一位领导者是"服务型领导者""真实领导者""适应型领导者""包容型领导者",或者是"魅力型领导者""变革型领导者",谦逊领导力都能够帮助他进一步强化这些理想的领导特质,并推动该领导者朝着既定目标前进。

总体来说,领导力如果被定义为引导团队追求更新更好的事物,那么它与高效管理和管治的概念是不同的。高效管理和管治这两个概念都希望将当前的最佳实践进行最大化或最优化。组织永远需要良好的管理、监管和治理。然而,谦逊领导力追求更新更好的事物,其着眼点超越了提升运营效率的范畴,旨在带领组织朝着变革与创新的方向迈进。命令与控制、参与式管理,以及质量改进项目(如六西格玛质量管理方法），在某些情况下、为了某些目的都是适用的，但它们与谦逊领导力不同，它们在本质上都致力于提升组织的现有运营效率，而非创造更新更好的成果。

社会－技术系统中的效率和有效性

至少从 20 世纪中期开始，各类组织就被恰如其分地称为社会－技术系统。一个简单的事实是，组织在完成其核心任务（这也是它们最初存在的理由）的过程中，需要在技术和社会之间取得平衡。在人类社会系统中技术和社会这两者不可分割，无论政治、社会、艺术、宗教、非营利性组织还是经济性组织都是如此，只是在商业组织中表现得最为明显。

一般来说，从一线经理到高级管理人员，所有管理者在日常工作中都希望在技术与社会、考核指标和工作意义、关注关键绩效指标（KPI）与和同事开放对话之间寻找某种平衡。这里的关键问题是，我们是否把握好了这种平衡。当我们在分配工作量时，一边是技术性的工作（如处理数据、挖掘大数据以获取新的洞察，或者设定可衡量的目标与激励措施），另一边是社会协作性的工作（希望通过调整工作团队的流程来营造良好的工作氛围,而不论具体的任务内容是什么),我们的做法是否充分兼顾了这两者以达到最佳状态呢?我们完全理解组织对数字化管理的重视,因为从内部数据源和互联网上庞大的信息存储中获取信息是非常容易的,这些数据有助于提升管理。此外,我们很容易被工作内容所吸引,专注于那些能用指标衡量、清晰明确的任务。

人与人之间的社会互动与为实现技术效率而对技术系统进行微调的工作相比,更为复杂且似乎显得杂乱无章。然而,一个潜在的隐患是,组织投入了过多的时间进行技术效率的微调,以修复已知的技术问题,从而没有投入足够多的时间去挖掘那些领导者可能不知道,但现场其他人很可能知道的重要信息。领导者如果过于关注技术层面的改善,而不留意倾听技术改善之外的情境信号,就可能遗漏关键的信息,影响决策的质量。

组织面临的真正问题是,如果不努力激发团队成员产生协作,是否会错过什么——协作过程必然会产生新的想法,其中的一些想法可能与现有的某些任务不一致,但它们可能为未来解决技术问题提供改进的思路。如今,领导者总是疲于奔命地完成每天和每个财年的各种目标任务,他们是否有时间来思考未来的战略和发展机会呢?哈佛商学院教授克里斯坦森把这种权衡的本质描述为"创新者的窘境"（Christensen，1997）。为了实现组织的初心使命，我们需要考虑的是，当我们过多地强调已知任务和通过管理技术"控制手段"来实现短期考核指标时，从长远来看我们可能会失去什么。

当然，谦逊领导力不意味着降低组织对技术效率的重视。但谦逊领导力确实意味着重新平衡关注点——不再仅仅执着于"达成数据指标"，尤其是当员工和利益相关者已经意识到还有其他一些无法用指标衡量的驱动因素也很重要时。这些因素包括：市场供需的变化导致某些考核指标不再适用；来自"后视镜"式的滞后指标产生的数据；以及日常运营中团队成员为争夺稀缺资源而产生的分歧与欺瞒行为。

谦逊领导力致力于为组织寻找更新更好的解决方案和流程，鼓励开放和前瞻，促使组织快速适应变化和推动创新。谦逊领导力鼓励人们分享不同的见解、预测和观点，甚至是疯狂的想法，以重新制定制度规范，激发人们产生更新更好的想法，助力小团队、大部门乃至整个公司实现增长。谦逊领导力能够帮助团队看到、感知到并构思出既定指标之外的机会，引领我们突破已知的事物，迈向未知的领域。一条经验法则是，如果领导者将20%～25%的工作精力从关注管理指标转移到促进协作的信息共享中,这将大大提升组织内各层级的信息共享,从而共同创造出更新更好的成果。谦逊领导力是组织从这 20%～25% 以创新为导向的工作精力中获取最大收益的基础。

谦逊领导力鼓励"开放系统"思维。请设想一下,如果企业的需求和供给变化是由一场改变供应链的企业合并引发的,或者是由某个客户被迫将运营成本削减 50% 引发的,或者"躺平式离职"(这是新冠疫情期间创造出来的一个术语,指生产力下降或人员流失)彻底改变了对完成企业计划至关重要的团队的构成。领导者要应对这类剧烈而混乱的变化就需要开放系统思维。如果说封闭系统的管理就是调整管理仪表盘上的"旋钮",那么,基于开放系统的谦逊领导力则倡导寻找新的"旋钮"、新的工作流程、新的人员、新的工具以及新的合作伙伴——寻找任何应对现有和未知挑战可能需要的创造性想法。

实践中的谦逊:谦逊情境力

"谦逊"一词的一种非常特定的含义是谦逊领导力的核心所在。

谦逊情境力是指因谦逊而能洞察情境的本领，能够通过以下方式去观察和理解情境中的所有要素：

1. 接纳不确定性，始终保持好奇，想要弄清楚实际发生的情况。

2. 有意识且用心地对他人可能知晓或观察到的事物持开放态度。

3. 认识到无意识偏见在何时会扭曲认知并引发情绪反应。

如今，领导者面临的挑战是如何观察、吸收和解读数量急剧增加的信息，并认识到单靠自己不能应对现实的问题。领导者做出最佳决策所需的一些关键信息来自直接下属、同事或相关部门人员的想法，而他们可能没有权力或责任参与决策。谦逊领导者必须对他们和他们的想法持开放态度。

在你尽可能从各种渠道充分了解面临的挑战或机遇之前，你对什么是更新更好的解决方案所做出的任何设想都是不完整的。以医院管理为例，你是仅仅与最高级的医学博士沟通，还是也会询问专业技术人员和监护人员的意见？实际上，他们都有敏锐的观察力。你可能已经学会了谦逊情境力，从一开始就认识到了获取最全面的信息对于应对挑战至关重要。如果你尚未从惨痛的教训中明白基于不完整的信息做决策会带来何种后果,那就不妨将学习谦逊情境力视为迈向谦逊领导者的第一步。

无论你处在组织层级中的什么位置,或者你的工作职责是什么,你都需要谦逊情境力——它会让你比那些拥有更高正式职权的人更清晰地洞察到某个问题,开放接纳被他人忽视的事实。谦逊领导力将培养你澄清和分享洞见的能力,并通过吸收他人所知的信息来推动你迈向更新更好的变革。而这正是谦逊领导力的实践方式。

文化在领导力中的作用

文化有多种不同的含义。文化的一个简单实用的定义是**"累积的共享知识"**。任何小团队、组织乃至整个社会的文化,都可以被视为这个群体所学到的知识总和,然后,这些知识会传递给组织里的新成员或年轻成员。

当一位富有远见的个人、企业家或创始人组建团队,想要创造更新更好的东西,如一种产品、一项服务,或是一套全新的流程或方法时,团队成员就会一起探索如何高效率地实现这个目标。这些探索经验沉淀下来,并逐渐发展成团队文化中不可或缺的部分。团队以创始人的初始想法为基础,在磨合中共同创造出更新更好的行为方式,这些行为方式进而成为团队文化的核心要素。

有时,一个群体的文化发展会从开放与创新转向限制性观念(惯例),其中包括领导者应该是什么样的(角色)、应该做什么(行为)。每一个曾经取得过成功的社会和组织都形成了关于领导者的角色和行为的观念与规范。

因此,谦逊领导者不仅要考虑如何让更新更好的想法融入现有的组织文化,也要考虑如何让其领导风格与组织关于领导者角色与行为的惯例相契合。当领导者在构思更新更好的方案时,他们会发现一些人在积极地看待这些方案,而另一些人则将其视为挑战他们现有习惯的威胁。谦逊领导者洞察、倾听并理解文化——包括文化结构(惯例)和行为习惯——至关重要。

不同的组织文化必然会产生不同的领导方式,因为领导者所面临的机会和挑战不同。然而,本书的基本观点是,无论是在扁平的全球化组织还是在等级森严的组织中,也无论是在企业发展的哪个阶段,如果领导者不接纳其他团队成员参与决策,那么任何领导风格都难以取得成功。在充满挑战的情形或不确定的文化背景下,领导者仅靠一己之力,是无法清楚定义什么是更新更好的解决方案的。

第一部分　谦逊领导力的本质是什么
Humble Leadership

领导者要展现谦逊情境力和以开放的心态探索更新更好的方案（尤其是探索如何实施这些新方案），就必须充分了解组织当前的文化以及它是如何帮助或阻碍新方案的实施的。

任何由两个或更多个体组成的组织，都是多种文化（累积的共享知识）的融合体，这些文化是领导者提出更新更好的想法的基础。在本书中，我们会讨论领导实践中文化的两个重要维度：**技术文化（战略、使命、设计）和社会文化（人际关系与沟通模式）**。人们是通过个人在团队中建立起来的人际关系来理解技术文化和社会文化的基础，以及回顾过去和展望未来的。领导者通过理解这些人际关系和现有的文化结构，就能更清楚地理解他所提出的更新更好的想法，可能对他们的工作意图和实践产生何种影响。各级领导者要建立人际关系和收集信息（即情境和内容），就需要坦然面对自己的未知领域，并通过对周围人的开放和信任来获得更全面的认知。

总　　结

我们认为，在当今这个充满易变性、不确定性、复杂性和模糊性的世界中，谦逊领导力是所有领导力类型或领导力

"品牌"的必要基础。

卓有成效的领导力离不开谦逊情境力,因为领导者做出有效决策所必需的信息往往分散在团队的各个成员手中。因此,谦逊领导者要构建良好的人际关系,让成员们有足够的安全感,从而能够开放地与领导者及团队成员交流,并彼此信任,共同为创造更新更好的成果而努力。

讨论题

- 你可以独自思考,也可以在小组中讨论,请想一想"领导力"这个词对你来说意味着什么。列举几位你心目中的领导者,思考他们做了什么才配得上这一称谓。你所思考的内容与我们给出的领导力定义有哪些契合之处?
- 你认为为什么谦逊情境力是谦逊领导力的基本特征?
- 为什么建立人际关系对谦逊领导力至关重要?

第 2 章

建立更好的个人关系

在第 1 章的结尾,我们断言:在当今这个瞬息万变的世界里,你不可能凭一己之力完全掌控局面。即使展现出了最大的谦逊情境力,你做决策时所需的很多信息仍必须来自那些掌握关键信息或线索的人。

领导者需要建立个人关系,让他人在心理上有足够的安全感,从而愿意分享他们的信息和见解。这些信息和见解能够:第一,有助于完善和明确什么是更新更好的方案;第二,有助于确保团队计划能够得以实施。

领导者在面对挑战时,不应仅仅依赖自己熟悉的数据和信息来做决策,更重要的是要承认自己可能并不知晓决策所需的全部信息。建立良好的个人关系不仅能让你获取新见解,还能激发他人与你分享他们所知的信息,包括如何打开新思路和共创新想法,以及提早发现那些可能破坏你的计划的潜在陷阱。

什么是关系

关系是人与人之间基于过往的互动而产生的,对彼此未来行为的一系列相互期待。当我们在某种程度上能够预判对方的行为时,就意味着我们之间建立起了一种关系。

当我们说我们的"关系良好"时,就表明我们在一定程度上有信心能够预判对方会如何反应。此外,在这种良好的关系中,我们都坚信彼此正在朝着一个已经达成共识的目标努力。这种期待是描述人际信任的另一种方式。我们"知道"彼此的期待,而我们的信任程度则反映了我们对彼此的行为是始终如一且有意地值得信任的。一般来说,相互期待是具有对称性的。如果我信任你,但你不信任我,我们之间的关系就失衡了。如果我能预判你的行为,但你无法预判我的行为,那么这段关系就还没有完全形成。如果我爱你,但你不爱我,我们可能仍然维持着一种正式的交易关系,但这种关系是不对称且不稳定的,我们无法确定地预测它会继续发展还是会走向结束。

关系层级

我们需要超越那种认为人与人之间只有"好"或"坏"的关系的两极思维,转向更具描述性的关系层级框架(Schein, E.H., 2016; Schein & Schein, 2017, 2019, 2021)。所有社会都会存在不同的关系层级,并指导我们在每个层级中保持信任和开放的程度。在我们的文化中,我们从日常社交活动(无论是个人生活还是工作)所扮演的角色中习得我能信任他人的程度,以及他人对我开放并尊重我所讲内容的程度。这些角色中隐含着一些关系指引,即我们应该对他人抱有何种程度的开放和信任。如果我们向亲密朋友寻求建议,我们期待得到真实的回应;如果我们从销售人员那里购买二手车,我们可能就不会期待对话会很开放和真实。表2-1梳理了四个基本的关系层级及其定义特征。

表 2-1 关系的四个基本层级

-1级关系	1级关系	2级关系	3级关系
负面关系:其特征是基于权力的不平等而产生的支配、强迫和非人性化的控制(如狱警与囚犯之间的关系)	交易关系:基于角色和规则的人际互动,常见于服务行业、零售工作以及大多数形式的"专业服务"的帮助关系中	全人关系:建立在信任和人心化基础之上,常见于友谊和高效协作的团队之中	亲密关系:其特征是情感联系紧密,关系中的双方彼此完全投入(如恋人或配偶之间的关系)

–1 级关系：负面关系

这类最低层次的关系主要存在于人们不以平等态度相待的情境中，就像狱警对待囚犯，或者心怀恶意的医院护工与患者之间的关系，一方对另一方拥有更大权力，关系处于失衡状态。在企业环境中，我们不希望看到出现如此公然的剥削或绝对的支配，但在那些压榨小时工的血汗工厂中，以及在某些管理者仅仅把员工看作是雇来干活的"一双手"而非"一个人"的态度中，这种情况却屡见不鲜。

在 –1 级关系中，员工可能会将自己的工作环境描述为"不人道"。他们之所以能够忍受这种状况，只是因为觉得别无选择。例如，非法移民之所以继续在低薪、长时间和不安全的条件下工作，是因为他们一旦抱怨，雇主就会向当局举报，导致他们被驱逐出境（Grabell，2017）。

通常，–1 级关系会糟糕到难以维系，但有时也存在中性的 –1 级关系，这种关系既不会结束，也不会有所改善。这种关系可能处于停滞状态，因为双方都不指望情况会有所改变，或者双方都觉得充分利用这种权力失衡的状况能够获取更多的利益，又或者双方都意识到这种负面关系只是暂时的。

第一部分　谦逊领导力的本质是什么
Humble Leadership

当双方都明白权力不平等的状况是有限和暂时的时候，–1级关系也可能具有一定的建设性作用。最明显的例子是军事基础训练或新兵训练营的教导过程，以及诸如医学院等严格的学术或专业训练的最初几年。在军事训练的情境中，新兵和盛气凌人的教官都清楚，权力失衡是教导过程的一部分，最底层的成员必须忍受，哪怕训练方式是十分残酷的，因为只有这样才能锻炼他们的坚强意志，并最终形成协调一致、紧密团结和志同道合的氛围。共同经历所带来的创伤，会以一种独特的方式让人们的关系更为紧密。

一位美国陆军二星将军告诉我们，在军事训练期间"我们的士兵从–1级关系发展到了4级关系。"我们听后都笑了，因为我们提出的关系模式最高只到3级，但我们还是能够很好地理解他的观点：如果–1级关系是组织和个人发展的一部分，那么它并非"负面"的，而是必要的。我们认为，资深医学院教师常常将超负荷的工作量强加给一年级医学生，有时甚至强加给住院医师，这会让人觉得不公平且不人道。但随着时间的推移，所有人很可能会将其视为培养体系中的有益部分。不过，培养体系也在不断演变，随着对患者和医生福祉的更多关注，我们可能会重新评估这种剥削性的–1级关系对整个医疗体系究竟有多大益处。

1级关系：交易关系

作为文明社会的成员，我们期待彼此至少将对方视为同类。即使我们对彼此除了工作角色一无所知，我们也期待他人注意到我们的存在。1级关系通常被认为是冷漠的或不带感情色彩的关系，除非发生了引发焦虑或愤怒的事情，如被撞到、被威胁或者被"冒犯"，否则1级关系中的人际互动是高度例行公事的，是基于相互期待和个人投入度都较低的交换。我给你某个东西，你道一声谢谢；你问我一个问题，我感到有义务回答。这种关系是如此的机械化，以至于只有当它遭到破坏时，我们才会注意到它的存在，例如，当某个人的行为表现得十分粗鲁或者过于"亲昵"时。

1级关系涵盖了广泛的人际交往场景，包括我们如何与陌生人或仅有点头之交的人打交道；如何在职场中与管理者、同事和直接下属相处；以及我们如何处理与医生、律师和其他我们所依赖的专家之间（有时是私密的）的服务关系。这些日常关系的独特性在于它是发生在两个角色之间，而非两个人之间的。例如，我们去医院或诊所看病，即使每次症状相同，但可能每次接诊的医生都是不同的；或者在工作中，我们可能在公司重组后会被分配到一位新的上司手下。

在这类关系中，每次面对不同人担任的同一个角色，我们有时会感到不适。但社会观念告诉我们，这应该是可以接受的，因为人们假定处于同一角色的人具备同等的资历。虽然我们仍然保有一定程度的信任，在交谈中维持礼貌的开放态度，但是除了彼此的角色和职位，我们没有必要深度了解彼此。

我们的许多工作关系都是1级关系，因为这些关系是按照官僚体制组织起来的——这是一种帮助我们大规模处理工作的方式。在这种情境下，我们是以"职业距离"的方式与他人互动。然而，这也常常是我们对官僚体制不满的根源——我们在工作中会感到不自在。我们不喜欢被冷漠对待。我们也不喜欢领导者假意表现出亲近，尤其是当我们察觉到他们这么做只是因为研究表明团队和谐是可取的，且让员工参与或投入工作对公司盈利很重要。我们对他人行为中的真实性、诚意和言行一致很敏感，那些让人感觉虚伪的行为往往会适得其反，造成更大的距离感和更少的信任。

基于角色的1级关系的局限

即使我们与陌生人相处时会保持一定的心理距离，但仍期待有某种程度的开放与信任。我们大多数人已经养成了文明、礼貌和得体的行为规范，这是社交活动与人际交流的基础。当我们进行所谓"职业性"的交易服务和基于角色的工作事务时，我们会对彼此都抱有某种特定的期待。

在正常情况下，我们期待彼此坦诚相待。但我们也知道，如果我们觉得说出真相会伤害对方，或者会让其中一方处于不利处境，那么适当隐瞒信息是可以接受的。在其他一些情境中，如果我们认为完全坦诚对另一方并无益处，就不会指望能获取所有相关的信息。例如，在销售关系中，我们预料到对方会有一定程度的夸大其词和粉饰，因此，我们本能地保持警惕，也就认同"买者自负"这个观点，购物时更加当心。

1级关系假定人与人之间存在社交或工作上的距离感。"职业距离"这个概念在医患关系中可能体现得最为明显。医生是专家，人们自然会认为他们比患者懂得更多。这就使得医生向患者询问各种私人问题变得合理合法，而患者如果反过来向医生提出同样的问题，就会让人感觉不妥。这种关系的不平衡是有充分理由的。

通常，下属不会告诉上司他们在执行任务时遇到的所有麻烦。如果上司询问事情进展如何，即使实际情况并不顺利，员工往往觉得含糊其辞地回应"挺好，没问题，一切尽

第一部分　谦逊领导力的本质是什么
Humble Leadership

在掌握"会更自在。员工可能不想成为"被枪杀的信使",甚至也可能为了帮上司保住面子而谎称一切顺利。那些深知上司不太爱听坏消息的下属,实在没什么理由主动汇报负面情况,去冒遭受上司不利反应的风险。

我们来看一个例子:一位骨科医生在进行一场简单的骨折修复手术时,他可能会希望麻醉师、手术室护士以及团队其他成员在手术进行过程中及时提供可靠的信息。我们听到有医生宣称,团队成员的"职业责任"是及时报告相关信息。遗憾的是,我们也听到许多年轻医生和护士承认,他们有时观察到有什么不对劲的地方,却没有足够的心理安全感去向主治外科医生说出来。

1级关系还有更为阴暗的一面:有意耍花招或蓄意欺骗。在某些情况下,无论是在大型组织的独立部门,还是在部门内部,当存在"零和博弈"的预设时,1级交易关系可能会走向负面关系。如果我认为你们的团队失利,对我的小组、团队、部门或分支机构有利时,那我可能不仅会隐瞒我所知道的信息,甚至会主动误导或欺骗你们。

这是短期思维、资源稀缺、预算紧张和当代西方企业典型的季度绩效评估制度所带来的产物。简而言之,在这种背景下工作的人会通过保持职业距离、隐瞒信息,甚至在被逼无奈时误导他人以获取短期利益和更多好处。这种"残酷无情"的行为即使算不上是反社会的,也是具有破坏性的。好在这种越轨行为是1级关系中的一种相当明显的表现形式,并且通常不会给组织或欺骗者带来长期利益,因此,无论是一线管理者还是董事会成员,往往都能识别并处理这类行为。

2级关系:全人关系

2级关系存在一个悖论:我们知道如何与朋友和家人建立这种关系,但在工作场合却往往选择不这么做,因为我们觉得这样做不舒服或者没有回报。然而,随着工作内容越来越复杂,如果人们之间无法建立2级关系,就不能高效地完成工作。

我们把充满"心理安全"的关系称为人心化关系,因为只有当参与其中的人接纳与其建立关系的完整个体时,心理安全感才会产生。这与那种看似真实实则虚情假意,因而无法提供持久心理安全感的"表面上的人心化关系"截然不同。相比之下,人心化关系是指双方彼此十分了解,建立起了一种开放、信任和协作的关系。

这种关系比那种友好但保持一定距离的交易关系更为

深厚。在交易关系中,要保持职业距离,就得把人看作是角色,而非一个具体的人。

我们要超越交易关系,建立起人心化的全人关系,就需要培养一些新行为,其中一些行为可能与我们在职业发展和组织中所学到的恰当的行为相悖。全人关系是否意味着我们要表现松弛、亲近彼此,或者对彼此友好、充满温情,成为亲密的朋友而不只是同事呢?事实上并非如此。在全人关系中,当涉及真正私密的事情时,我们仍然需要遵守得体的行为规范。相反,我们强调的是相互充分了解,以便能够以开放和信任的方式默契合作。我们需要相互信任,因此,我们需要了解同事是什么样的人以及他们的工作方式,但我们不需要知道他们的隐私。

2级关系的本质在于,无论是管理者、员工、同事、客户、患者还是合作伙伴,参与其中的人不再仅仅被视为履行角色的个体——即需要保持职业距离的角色或无差别的贡献者,而是被看作是一个完整的人,我们可以围绕共同的目标和经历与他们发展个人关系。2级关系涵盖多种形式的友谊和亲密的关系,为了理解"谦逊领导力"这个概念,我们需要将重点放在职场中的2级关系。

在这个背景下,我们建议管理者、医生、律师及其他提供专业服务的人,从初次接触开始,就可以与下属、患者或客户建立更好的个人关系。我们要从一开始就致力于建立人心化的关系,彼此把对方视为一个完整的人,而不只是一个角色。我们要真正"看见"对方。如果我们选择以共情的方式询问对方生活中的一些私人事务,然后再透露一些自己的私人事务,那么,这种关系就会很快建立起来。例如,一名员工可能会注意到经理的一张穿着防雨装备的照片,然后询问:"照片里的您是在航海吗?"或者看到一张全家福照片,便问:"这是您的家人吗?"这样一来,双方立刻就开启了一种更为私人化的连接。

在新冠疫情初期,许多员工通过视频会议居家办公,我们看到人们很自然地开始建立全人关系。当我们的私人生活不经意间出现在视频背景中时,我们常常透露出了一些个人生活的信息。我们经历过、也听到过许多美妙的时刻,人们可以放心地透露和询问彼此的个人生活细节,而这些生活细节的交流在之前的公司会议室里是不可能出现的。颇具讽刺意味的是,人心化交流不一定要面对面,也不需要花很长的时间来铺垫,就可以通过视频会议迅速且自然地实现。在我们看来,这是 2020 年春季我们大多数人不得不适应的工作方式剧变中的一道亮丽的希望曙光。当我们的焦虑情绪高

第一部分 谦逊领导力的本质是什么
Humble Leadership

涨,平日里职业性的防备有所松懈时,我们以一种在之前的沟通中似乎是不可能的方式,在人心化的交流中找到了慰藉与安全感。

最近我们了解到,有一位顾问在努力促进负责空气、水和土壤资源的适应性及再生工作的团队成员之间的联系。她作为协调者,借助互联网的协作和视频会议工具,帮助世界各地的团队成员为了一个共同的目标而建立起2级关系。她的大部分工作都能在美国加利福尼亚州的家中完成。她认为建立国际化的2级关系,不仅是有效的商业管理手段,而且也是减缓全球气候变暖和教导人们适应气候变化的重要工具。

建立2级关系就是要求我们用行动和语言向对方表达:"我想要更好地了解你,彼此相互信任、更好协作以便出色完成任务。"我们不需要成为亲密的朋友,不需要了解彼此所有的私人生活,但我们必须学会在工作问题上开放相待。

与1级关系相比,2级关系要求我们建立起更深层次的信任和开放,它体现在:(1)双方做出承诺并履行承诺;(2)达成共识,不互相拆台,不破坏共同的约定;(3)承诺不互相欺瞒,不隐瞒与共同任务相关的信息。我们可以在工作中充分了解彼此，信任彼此，一起完成工作，但不必成为朋友或在工作之外一起做其他事。

人际关系是通过许多的互动来发展和协同的。在这些人际互动中，人心化的努力得到了回应，它可能成功，也可能失败。在前面的例子中，经理可能会热情地或轻蔑地回答有关航海的问题，发出他或她是否希望建立人心化关系的信号。2级关系是通过开放性的小尝试逐步建立起来的，这些尝试向双方展示了舒适关系的边界是什么，以及在哪些方面会带来对隐私的威胁。

正如哈佛大学的艾米·埃德蒙森（Edmondson，2012）在她关于"团队协作"的重要著作中所指出的，共同学习是员工与管理者增进彼此了解的最佳方式之一。在这个过程中，他们可以直接给予对方反馈，包括关于如何更好完成工作的建议。这并不是说他们会成为朋友，只是说在完成工作的情境中，他们是以全人关系在合作，他们能准确知晓彼此的综合能力，以及与工作相关的个性特点。埃德蒙森在研究外科医生团队尝试一种新的、高难度手术时发现了一个强有力的例子（Edmondson et al.，2001），他研究发现，那些认为任务"过于复杂"而放弃的医生团队主要是依赖个人的专业技能，而那些能够成功采用新手术流程的团队更依赖协

第一部分　谦逊领导力的本质是什么
Humble Leadership

作。后者首先通过自愿报名的方式组建团队，然后成员与外科医生共同决定进行一段时间的相互学习，这增强了彼此的信任与开放。

如今，领导者高度重视员工"敬业度"，包括给员工提供做自己感兴趣项目的时间，更系统地奖励他们的才能。然而，只有你把员工视为一个完整的人而非一个角色时，才能真正激发员工的敬业度。因此，那些关注员工敬业度、参与度和授权赋能的管理者应该先聚焦于建立同事之间的2级关系。换言之，团队协作的真正问题不在于员工个人的敬业度，而在于人们是否喜欢在工作中扮演与其他角色打交道的角色，他们也希望作为"人"与其他"人"互动。

工作关系的层级最终应该反映出所要完成工作的性质。有些类型的工作，人们之间只需要建立起1级交易关系就足以保证必要的工作效率。但我们发现，工作越是需要协作、开放的沟通和深度的信任，就越需要建立2级人心化关系。这里的挑战是，人际关系不会仅仅因为某人的一个决定就从1级变成了2级；领导者宣称"我们要有更多的开放和信任"并不能让它就自然地实现了。建立人心化关系需要人们的意愿和努力。因此，谦逊领导力的关键任务是将人际关系从1级关系发展到2级关系。

3级关系：亲密关系

3级关系可以描述为"亲密无间"的友谊，它超越了2级关系中因为特定的任务而关注对方全人的范畴。3级关系包含更浓厚的情感色彩。2级关系意味着相互支持、避免伤害，而3级关系则意味着通过关爱与关怀（常被定义为"休戚与共"），积极寻求帮助和提升彼此的途径。

我们通过更多地袒露个人的甚至是私密的感受、反应和看法来加深彼此的关系，我们依据他人对自己的开放回应来调整彼此的接受程度。我们一次次的袒露、接受与回应，最终带来某种程度的亲密关系，让双方都感到很舒适。人与人之间的亲密程度根据情境的不同、个性的不同而有所差异。在大多数的工作关系中，它也随着任务的不同而变化。

人们通常认为，我们应该在组织生活中避免建立3级关系，因为它可能变成结党营私、任人唯亲和不当偏袒，这些行为即使算不上是严重的腐败，也会被视为完成工作的阻碍。办公室恋情通常被认为是不合适的，尤其是当双方都没有试图去掩饰这种亲密关系时。送礼和贿赂也被视为不正当的激励手段，因为它们可能引发不公平，进而直接影响工作效率。在某种程度上，这些关于恰当与否的人际交往规范适

第一部分　谦逊领导力的本质是什么
Humble Leadership

用于所有的工作关系。

在本质上，2级关系和3级关系之间的区别是关系程度的区别，而且两者之间的边界可能会随着任务的不同而变化。这在工作环境中可能很棘手——我们袒露自己的私密之事，或者询问对方私密问题，以试探何种程度的亲密会让人感到舒适，并有助于完成工作，但通常我们事先并不知道这些行为是否会受欢迎或是否会被视为冒犯与侵扰。

在过去的几年里，我们观察到美国的工作文化一直在探索这一边界，比较常见的口语化表达"TMI"（信息过多）就是一个迹象，它表明分享个人信息的程度可能超过了适当的界限。对我们中的一些人来说，提出个人问题、做出回应和袒露心声是一个轻松自然的过程；但对另一些人来说，这会让他们感到尴尬。问题在于，当分享个人信息与任务相关，并对安全、圆满地完成工作很重要时，即使我们感觉困难或不妥，也会想办法弥合这一差距，使得在工作场所分享个人信息变得合理。

2级关系和3级关系之间的界限并非固定不变的，而是随具体情境动态变化的。特别是在工作中，我们对于开放程度和亲密程度有着潜在的规范和限制，我们对于隐私有着自己的判断，认为这些隐私只应与亲密的朋友和家人分享。我们在选择透露什么时，始终是根据具体情境来做出决定的。在一些特殊的任务和情境中，如在高绩效团队中，我们会认为1级的交易关系是常态，但实际上，团队成功更需要接近3级关系。团队要成功完成任务，就要彼此深入了解对方的工作方式，达到一种高度协作的状态，有时能够立刻"接对方的话茬"，甚至在执行任务时能预判对方的身体动作。这是一种近乎超感官或心灵感应的默契，以另一个专业术语来描述，就是一种"超级共情"。

这种合作关系即使没有达到3级，也达到了"2.5级"，它超越了2级关系中的开放和信任，还包含了一定程度上的3级关系中的关爱与深度承诺。

在定义这些关系层级时，我们并不是说各层级关系的界限是完全清晰的，也不是说他人的反应总是可被预测的。建立2级关系的意义是双方一起探寻人心化的边界。双方需要考量对方对开放程度变化的反应，找到一个让彼此都感到舒适的程度，使得双方既能相互信任，又能期待对方始终保持开放和真诚。

我们需要强调的一点是：2级关系并不要求彼此友好相待或相互喜欢，尽管这可能是一个附带的好处，或者可能有助于实现目标。在工作团队中，2级关系的重点是它为每个成员提供了心理安全感,让大家能够舒适地进行双向沟通,建立信任,从而更顺利地完成任务。

情感是关系层级的重要指标

表 2-2 从另一个角度展示了这四种关系层级,描述了最能体现与每个关系层级紧密相关的态度的情感倾向。

表 2-2 关系层级和情感倾向

关系层级	对待他人的情感
-1 级关系	反感
1 级(交易的)关系	冷漠
2 级(人心化的)关系	共情
3 级关系	关爱

在 -1 级关系中,"反感"意味着占主导地位的一方可能会设法主动伤害处于从属地位的一方,从而强化这种不平等关系。在 1 级关系中,"冷漠"意味着对另一方的福祉漠不关心。(因为交易关系的一个主要特征是利己主义——"我知道自己想要什么以及我应得什么",我并不关心自己的行为可能会对另一个人产生怎样的影响,无论这种影响是好是坏。)在 2 级关系中,我对他人福祉的"共情"是人心化过程的核心。在 3 级关系中,我们通过个人或职业上的亲密表

现出的"关爱",将个人或群体的利益与情感联系在了一起。

我们引入这些情感倾向,是为关系层级模型提供另一种参照,以此来"直观检验"1级关系和2级关系之间的差异。如果我们在一段关系中只关注自身,对另一方漠不关心,我们能期待高度的协作和信息共享吗?恐怕不能!这就是1级关系在工作场景中存在问题的原因。相比之下,我们在2级关系中看到的共情,是一种描述放下个人利益、寻找共同或集体利益的过程的有益方式,这样我们可以共享信息、社会背景、挑战与机遇,并共同付诸行动。

总　　结

我们已经对"关系"进行了定义,并提出我们可以通过在不同情境中展现恰当的行为来建立关系。从这个意义上讲,关系是可以被设计并发展演变的,设计过程始于我们个体或群体之间的首次互动。

我们已经探讨了以不同程度的信任与开放为标志的四级关系,认识到了为何1级关系在某些情形下(即在任务简单且每个人的角色明确时)能够有效运行。但是,团队任务越复杂、角色越模糊或越重叠,就越需要建立2级关系。

第一部分　谦逊领导力的本质是什么
Humble Leadership

在一般工作场所中,谦逊领导力面临的挑战是,如何通过更具人心化的询问或自我表露来构建2级关系所需的信任与开放氛围,同时,避免1级关系的职业性距离带来的刻板与冷漠,以及不去追求3级关系所特有的亲密感。谦逊领导力的一项关键技能是如何在刻板和亲密之间把握好平衡。

讨论题

- 请想象一位你从他那里学到了很多东西的上司。你会如何描述你和这位上司之间的关系?为了建立起这种关系,他或她都表现出了哪些行为?
- 如果你曾经加入过某个团队,请回想一下你与团队成员之间的关系。他们展现出了哪些行为来建立这些关系?
- 如果你曾带过团队,请回想一下你和直接下属的关系。你自身的哪些行为促成了这种关系?

第二部分
PART 2

谦逊领导力在不同情境下的案例

在接下来的三章中,我们将展示谦逊领导力是如何在各种组织和群体情境中发挥作用的,这些情境涵盖了从新组织的形成和现有组织的转型等方面,同时我们会着重强调群体动力学在谦逊领导力实践中的作用。

第 3 章

组织创立和建设过程中的谦逊领导力

创立一个新组织,或者在现有组织内组建一个新团队,一直以来都是典型的领导力体现之一。在这些新团队中,那些富有远见的人创造出了许多更好的产品、服务、价值观和理念,帮助企业更好地生存与蓬勃发展。将谦逊领导力的原则融入组织创立和发起过程中的独特之处在于,领导者在与他人一起开启整个过程时,会承认自己无法独自成事。

正如下面这些例子所强调的那样,成功的谦逊领导者会以谦逊情境力来应对系统性问题,并认识到工作环境中的复杂性和流动性需要一个创造性的过程。在这个过程中,领导者从一开始需要借助他人的信息和见解来构思愿景,然后依靠他们的合作和参与来实现愿景。这个过程随着谦逊领导者在组织内建立 2 级人心化关系而展开,带领大家朝着共创"更新更好的事物"的目标发展。

第 3 章 组织创立和建设过程中的谦逊领导力

为了阐释这一过程,我们着重介绍一些实际的案例。在这些案例中,那些获得正式任命的领导者,从传统意义上讲,他们的个性看起来并不"谦逊",然而他们的领导方式却展现出了谦逊情境力,并注重构建恰当的关系,推动更大努力的成功。

案例 3.1　共同把新加坡建设成为一个现代化城市国家

20 世纪 60 年代初,李光耀和他在英国求学期间建立起了 2 级关系的主要同事意识到,新加坡——在李光耀出生时它还是英国殖民地——如果想要发展并走向独立,就必须成为重要的国际港口,并发展成为一个依靠外国投资而蓬勃发展的城市国家(Schein, E. H., 1996)。

李光耀(1959 年～1990 年担任新加坡总理)认识到,新加坡的经济发展依赖于吸引大型企业投资,如果新加坡不能营造一个富有吸引力的环境,让持怀疑态度的外国投资者感到安全,就无法吸引投资。他的具体解决办法是:整治城市,包括改变市民的诸多行为,打造一个完全值得信赖的、廉洁的政府。新加坡要做到这一点,就需要实施不仅是更新的,而且必须证明是比以往更好的举措。

首先,新加坡成立了一个经济发展局(EDB),由一些最优秀、最聪明的年轻公民组成,他们的工作是寻找潜在的外国投资者来新加坡投资,在新加坡建造工厂、炼油厂和研究中心。经济发展局的年轻"官员"们面临着复杂多变的环境,这需要他们保持极大的谦逊情境力,并有能力与潜在投资者建立起2级关系。他们必须在完全协作、共享信息的同时,在经济发展局内部相互竞争以获得晋升机会。

其次,新加坡必须进行彻底的改造,以打造一个安全可靠的环境来吸引外国投资者。领导者的解决办法是,在为市民创造就业机会和住房的同时,要求他们大幅改变日常行为习惯。领导者这种让城市"一尘不染"的方式在本质上是专制且严厉的,但这种独裁行为却被认为是合理的,因为它为人们提供了工作、住房以及充满希望的未来。曾经有游客表示,新建的新加坡机场让他们联想到干净整洁、运营出色的苏黎世机场——这证明领导者们的计划是对的(Schein, E. H., 1996)。

最后,行政管理人员要确保政府的各项计划是有效的、值得信赖的和可靠的,以使投资者和市民认为这种专制形式利大于弊。为激励政府工作人员留任,他们的薪酬与新加坡企业的高级管理人员持平。为确保政府内部的团结协作,经济发展局和新加坡航空公司等单位的关键职位,常常由多人共同担任，并进行系统性轮换，以确保所有政府高级管理人员熟悉彼此的工作，并相互协作。

在各级政府中，建立2级关系使得整个体系既能维持严格的等级制度，又有明确的职责分工——只要高度重视让每个人都能在适当的个人层面上了解他人，并根据共同的总体目标共享信息。新加坡由此确立了一种制度规范：等级制度是协调的基础，但在等级制度内，为了交换重要信息，每个人都可以跨越层级进行沟通。这种信息矩阵对于政府高效运作至关重要且极具创新性。政府高级官员反复强调，他们具有创业精神的活动得到了上级的大力支持，上级常常会冒险为下属具有争议的决策进行辩护。促成这一切的是李光耀与同事们之间的绝对信任——这种信任建立在他们彼此真正了解的基础之上。

李光耀和同事们是谦逊情境力的典范，他们阐述了一种务实的哲学，即向他人学习最适合新加坡的东西。他们寻求联合国和欧洲的各类顾问的帮助，这些顾问可能在建设一个年轻的国家方面有相关的经验。李光耀和同事们知道自己不知道什么，他不怕寻求帮助。随着越来越多的企业入驻新加坡，政府机构也在快速向这些企业学习如何更好地管理某些事务。1994年，在埃德加·沙因采访李光耀时，李光耀非常自豪地拿出了一套人事管理手册，这套手册是他要求在政府系统中使用的。他说他之所以推广使用这套手册，是因为他非常佩服的一家企业——荷兰皇家壳牌公司使用它并取得了成功。

许多人批评李光耀的独裁统治，其中包括他对持不同政见政党的压制。对此，他以持续兑现为新加坡民众提供就业和住房的承诺，来为自己的行为进行辩解。在他培养儿子李显龙接班时，又遭到了更多批评——这显然是任人唯亲的行为，而任人唯亲通常被视为负面的。然而，如果李显龙没有展现出推动新加坡持续发展所需的才能，显然他也不会得到这个职位。

经验教训：全身心投入建立 2 级关系的共情与协作

时至今日，新加坡政府成功避免了倒退至 1 级交易关系。交易关系会使员工各自为政，变得封闭和猜疑。当我们回顾这段历史时，很显然，2 级关系对新加坡的发展和成功起到了关键作用，新加坡的创始人和后续领导者都深知维持此类关系的重要性。在很大程度上，他们的发展规划取得成功还依赖于一系列举措：寻找最优秀、最聪明的人才，为他们提供优质教育，并提供与商业工作相当的薪资，并大力强化在实现总体战略目标过程中的协作的价值。

正如这个例子所示，在创建组织的过程中建立了 2 级关系的领导者，能够在等级制组织内营造出支持高度开放与高度信任的文化规范。他们营造这种环境的方式就是让领导者的角色变得灵活，并且经常让重要的领导者轮岗担任关键职位，使每个人都了解他人工作的具体情况。

我们再次强调，谦逊领导是一个过程，它反映的不是领导者的个人性格特征，而是团队在工作中的集体价值观。在小型初创企业和专注单一业务的公司中，团队保持开放和信任至关重要，这就如同呼吸对于人一样的正常、自然和不可或缺。

案例 3.2　第一代技术创新者的领导力基础

数字设备公司（DEC）的兴起与最终衰落，充分表明了即使领导者秉承着践行谦逊领导力的良好初衷，也会因更强烈的需求而被迫放弃建立 2 级关系，转而退回到 1 级交易关系中（Schein, E. H., 2003）。

DEC 的联合创始人肯·奥尔森是一位真正的谦逊领导者，他在 30 多年的时间里建立起了一家非常成功的公司，在企业 IT 领域仅次于 20 世纪 80 年代的 IBM。奥尔森是一位技术型企业家，他创办公司不久，就与直接下属们建立起了 2 级关系——他雇用了最优秀和最聪明的计算机系统工程师，并从一开始就相信，在一个注重 IT 发明和创新的时代，他们必须相互坦诚才能激发大家的创造力。他创造了一种 DEC 文化，使得员工对他通过以身作则所推行的管理风格产生高度忠诚与认同。

奥尔森的管理风格非同寻常，他给予新入职的工程师充分的自由，让他们既能凝聚成一个团队，又能就 DEC 应采取的产品策略展开内部争论。在早期，DEC 内部的技术负责人常常会进行漫长、激烈且拖沓的产品策略争论，但一旦做出决定，他们仍能彼此坦诚相待。奥尔森在技术负责人争论时低调旁观，必要时介入帮忙解决问题、达成共识并给予支持，他的这种领导风格备受尊重与推崇。奥尔森在介入的过程中，既表达了信任，也表明了行动的决心。有一次，当他被问及为何不自己做决策，为什么有时还任由争论持续下去时，他回应说："首先，我没有那么聪明。我也曾有过教训，当我做出一个决策并开始付诸行动……我发现身后无人跟随。"(Schein, E. H., 2003)

作为领导者，奥尔森大力宣扬自己崇高的道德标准，尤其是对欺骗和含糊其辞绝不容忍。他说，争论可以，但不能为了在争论中获胜而撒谎。在日常行为中，他非常随和，常常表现出好奇心，提出尖锐的问题，并且不会让同事们觉得太有压力和感到紧张。事实上，如果他察觉到有人怕他，他会很苦恼。他为了消除同事们的恐惧，就养成了一个习惯，会自然地去公司不同部门看望工程师，和他们坐在一起，真心好奇地询问他们在做什么。即使他对某人的工作提出批评，也会让对方觉得自己是受到了重视和关注。人们常说，被奥尔森批评比被他忽视要好。

奥尔森在招募了最优秀的技术精英之后，承认自己作为创始人也有不足之处（并非知晓所有答案），他相信专家会做出最佳技术决策，自己则专注于营造一个能让大家彼此开放交流的环境。他们一起共同努力，是为了找到产品设计的最佳方案，而不是在公司内谋取个人地位。奥尔森赋予核心员工权力，并信赖他们。他希望由市场来评判他们的决策是否正确。他在员工面前放低姿态，也尊重市场的现实情况，对于坚守真实、开放和科学的价值观坚定不移。

奥尔森意识到，要做出决策并付诸实施，就需要建立起基于开放与信任的互助关系。他充分信任员工，使他们中的大多数人感觉到自己完全融入了DEC，并全身心投入于正在建设的组织文化之中。这是一种在面对智力竞争、前所未见的技术难题时所展现出的谦逊情境力的独特融合，最重要的是，人们从创始人那里学到的人际共情。奥尔森率先承认身边的团队成员比他懂得更多,他真正面临的挑战是在不产生派系和偏袒的情况下挖掘出团队成员的智慧。

公司未必长存,但文化可以长存

一般而言,在一个新的组织中,即使不是必需的,授权基层员工做出战略和战术性的决策也是可行的。随着组织的成功发展,领导者鼓励产品开发中的内部竞争,并让市场来决定支持谁,也是可行的。然而,随着组织的持续成功、发展以及年头增长,如果获得授权的基层员工决定建立自己的"小王国",这就会出现部落主义的风险,进而引发内斗而非良性竞争。

奥尔森坚决反对在DEC内部设立独立部门,因为他认为公司的发展能够持续支持所有项目,因此即使市场发生重大变化,也不会迫使DEC只专注于部分项目而放弃其他。然而,在这一点上,他的谦逊情境力未能发挥作用。他没有察觉到公司的核心工程师们已经不再开诚布公、客观公正地进行辩论,而是各自代表自己的小团体和自身利益进行争辩,并非为了公司的整体利益。最终,创意层面的良性竞争演变成了各自为政的局面,曾经共享的技术智慧已被狭隘的思维所取代,这种思维只考虑小团体自身的利益而非公司整

第 3 章　组织创立和建设过程中的谦逊领导力

体的利益。随着信任的逐渐消逝，工程师们彼此之间以及其与奥尔森之间建立起的 2 级关系也日益恶化。

　　这些因素共同导致了一个令人遗憾却又可预见的经济后果。随着各小团体争斗不断，DEC 耗尽了有限的资源，致使三款主要产品延迟推向市场。公司内部的信任迅速瓦解，导致彼此相互指责对方说谎和歪曲事实。人们的心态开放程度也随之降低，人际关系变得更具交易性，人们的职业距离越来越远。奥尔森逐渐被一些他曾经赋予权力的人边缘化；他曾寄予厚望的那些工程师，如今做出的决策只是为了让自己负责的项目获益，而不再关注维持 DEC 整体创新和可持续发展。

　　随着产品的失败和成本的不断上升，董事会被迫解雇了奥尔森，并提拔了一位更传统的指挥和控制型首席执行官。这位首席执行官首先大幅裁员，致使 DEC 失去了大部分富有创造力的工程师，他们或是跳槽到其他公司，或是选择退休。随后，他又安排将 DEC 出售给康柏公司，而康柏公司最终被惠普公司收购。尽管结局令人惋惜，但 DEC 在最初的 30 多年里，展现了一位创始人如何凭借谦逊领导力打造出一个成功的企业。

第二部分　谦逊领导力在不同情境下的案例
Humble Leadership

经验教训：从高度共情到交易性竞争，再到经济衰败

关于如何成为一名谦逊领导者，并没有一个简单的答案。从 DEC 的故事中，我们看到了一位极具影响力的工程师，他在组建公司时，只招募与他一样聪明甚至更聪明的人，随后打造了一个高度授权的管理体系。奥尔森在创立公司的初期展现出了极强的谦逊情境力，并且迅速建立起了共情式的 2 级关系。

这个故事表明，如果领导者充分授权并同时实现公司成长，当员工们意识到自己不再"仅仅是聪明人"，而是自己小团队的领导者时，他们可能会发展自己的权力基础，并采取竞争行为，进而将自身小团队的利益置于公司的集体利益之上。奥尔森大力鼓励下属效仿他的管理方式，但最终，无论是他还是下属，都没能处理好因市场因素促使公司从单一业务组织转变为多业务部门时所产生的团队协作问题。

随着组织内各业务部门的成长，人们的共情可能会逐渐消失，谦逊情境力可能会被导致团队之间竞争的偏见思维所取代。谦逊领导者必须应对的主要挑战之一是如何管理潜在的部门间的冲突。

虽然 DEC 作为一个公司失败了，但值得注意的是，奥尔森的谦逊领导风格所孕育出的文化价值观依然备受珍视。

一些曾在 DEC 工作过的人认为，这种领导方式是管理公司的最佳方式，许多人还表示，他们职业生涯中最美好的时光是在 DEC 度过的。

案例 3.3　将医疗机构改造为具有 2 级关系文化的机构

一个医疗保健机构能否创建并维持 2 级关系来作为业务增长的基础呢？我们知道，随着医疗行业的任务越来越需要高度的协作，医疗组织正朝着这个方向发展。许多医院已经采用不同方式，通过各类流程再造重新审视自身的工作流程。我们也知道，业界广泛呼吁让患者及其家属更积极地与医疗专业人员协作，来"共同生产"健康，以改善整体"人口健康"（Nelson et al., 2007；Suchman et al., 2011）。但这样做会成功吗？是否具有可持续性呢？

我们尤其能在医院的急诊室和手术室看到新型协作模式的清晰范例（Plsek, 2014；Kenney, 2011；Edmondson, 2012；Valentine & Edmondson, 2015；Valentine, 2017）。让我们来看一下美国太平洋西北地区一家医院集团的案例。（这是一个真实案例，但我们给这家企业虚构了一个名字"PNHC"，并给其首席执行官取名为"卡尔·格林"。）在过去20年里，PNHC的董事会、首席执行官以及其他领导团队成员，一直致力于将整个医院文化向2级关系的方向转变。这项工作围绕着"为患者提供最佳服务"的核心价值观展开，特别是在面对成本上升、研究压力和安全要求时。

创建"新契约"——医生和管理人员共同学习谦逊情境力

PNHC医疗集团的新时代始于一个财务危机。时任首席执行官在任职20年后退休，PNHC任命了新的首席执行官卡尔·格林。他曾是PNHC集团的内科医生，并对提高PNHC的整体服务质量表现出极大的兴趣。

格林为PNHC开创全新的局面是从促成医生与医院管理人员共同创建一份新的"契约"开始的（Silversin & Kornacki，2000，2012；Kornacli，2015）。之前，许多变革举措始终无法启动，或者在实施过程中失败，原因在于医护人员与行政管理人员的潜在文化价值观相互冲突，而且他们之间没有共同达成坚守的契约。格林希望能够解决这个问题。

双方一旦达成新契约，就需要严格遵守，如果遇到困难，要么寻求教练帮助，要么选择离开。该契约产生的一个重要影响是，数百名关键医生和管理人员需要更多地深入了解彼此，其理念在于，建立更紧密的关系不仅能让他们更有效地考虑如何为患者带来最佳就医体验和健康疗效，还能兼顾员工的忠诚度和福祉。这份契约开启了建立2级关系的进程。

为整个组织选择一种变革的方法

格林从自己的经历中了解到，这种涉及整个组织程度的变革最好采用一种单一的、通用的方法，让所有人都能遵循，而不是开展众多采用不同变革方式的小项目。他还得出结论，要让大家对单一的变革方法达成共识，PNHC的高层就必须真正理解并支持这一方法。在研究过程中，格林发现了一个他认为可能有用的方法：丰田生产系统的"精益"方法，该方法能够消除浪费。格林在担任PNHC首席执行官后的第一个举措，就是带领几位关键的医生负责人、管理人员和董事会成员，开启了为期14天的日本之行，考察丰田公司的生产系统（又名"精益生产"）在汽车及其他行业中的实际运作情况。

格林知道，让团队成员亲身体验精益方法的运作，有助于其思考如何将该方法应用到医疗中心的运营之中。起初，他们通过模仿和认同来学习，随后在开展自己的项目时会通过反复试验来进行摸索。格林也深知，他所构建的既是一个技术系统，也是一个社会系统。他将此次日本之行视为团队共同学习的契机,共同学习有助于培养同事之间的2级关系。

格林也邀请董事会成员参与考察,以确保能得到高层始终如一的支持。他指出,董事会成员仅仅理解变革项目的技术并给予认可还不够;他们还需要有类似的学习经历,这不仅能让他们深入了解精益方法,还能激发他们对变革项目的积极热情。格林通过让董事会成员一同参与考察,与其他同事共同学习,促使大家建立起了良好的联系,让董事会成为整个变革中不可或缺的一部分。

格林很清楚他从变革项目中学到的经验:许多项目即使进展顺利,却仍在中途被边缘化,原因在于董事会不理解组织的变革过程,一旦遇到问题就急于更换首席执行官。通常情况下,如果新上任的首席执行官不了解或不关心已经取得的进展,就可能取消或逆转变革进程,使组织退回到原点,甚至陷入更糟糕的境地。组织内部的关系停留在1级水平,或者从2级倒退至1级,员工们不再协作,而是转向内部竞争。

推进实施见成效

格林知道,更新更好的变革方案不能简单地强加给组织,而应通过协作来实现。日本之行归来后,他就邀请各部门负责人思考如何改进工作,并据此提出建议。如果建议获得批准，相关团队成员会参与研讨活动，以确保改进计划在跨部门之间保持一致。这些活动的目的是促进组织内所有会受到变革影响的成员建立2级关系，以确保他们理解并执行所做出的决策。

例如，PNHC癌症中心的重新设计就是一项重大变革。其目标是让患者的就医体验既高效又舒适，而不是只考虑癌症中心的医生和工作人员的利益。该计划包括将所有诊断设备和治疗流程集中在大楼的一个区域，而不是让患者在医院各处辗转进行诊断和治疗。在探索如何实现这一目标时，参与者们意识到皮肤科中心原本占用的空间实际上非常适合癌症中心。这是一个不错的计划，但需要格林和他的团队与皮肤科进行合作，说服他们让出自己的空间。虽然格林本可以直接做出行政决定，让皮肤科搬迁，但他认为，重要的是即将搬迁的工作人员不仅要理解这个决定，而且要支持这个决定。因此，格林和他的团队与皮肤科共同打造了一个更新更好的空间供他们迁入，这就要求建筑设计师与皮肤科的医生和工作人员之间建立大量的关系与协作。

在格林的领导下，接下来的几年里，这种深度协作的方式帮助PNHC对多项运营环节进行了成功的全面改革。例如，急诊室通过提供更快速的诊断以及更便捷的专家问诊服务,大幅缩短了患者等待时间,减轻了患者的不适。基层医疗设施也进行了重新设计,将多项关键功能整合在同一区域,使工作流程更加顺畅。病房也围绕中央护士站进行了物理布局调整,促进了护士与患者之间更好的互动。

其中,有一项变革直接源自团队对丰田生产系统精益方法的观察。PNHC推出了全新的患者安全警报系统,这相当于丰田生产系统中工人一旦发现产品缺陷就可以"停止生产线"的流程。也就是说,治疗小组中的任何成员,只要发现问题,就可以中断治疗流程,并立即要求进行检查。患者安全警报会迅速将所有相关团队成员及其领导召集到一起,快速评估问题并决定应对措施。同样,这种方法促进了整个医疗中心各环节之间建立更紧密的协作关系。

在出现诊断或治疗失误时,这种开放与协作的新文化也发挥了重要作用。其处理问题的方式是公开讨论这些失误,以找出系统性原因并进行修正,而不是退回到传统的做法,即找个替罪羊来承担责任。PNHC通过营造一种人人都能放心直言的社交文化,让每个人都参与其中,并及时发现一些经常导致失误的复杂交互因素,以避免此类失误再次发生。

格林的变革方法屡获成功。当他发现一家保险公司不再承保骨科治疗时,就及时展开调查、找出原因。他了解到,大多数骨科患者先是经过初步快速诊断，然后转诊给外科医生，这大幅增加了每位患者的治疗费用。此外，他还发现，90%的病例会被转回给医师助理（PA）来做出治疗决策。于是，他们让医师助理承担起初步诊断的职责，这大幅减少了转诊给外科医生的病例数量，使患者费用降至保险公司愿意承保的范围。另一个意想不到的好处是，外科医生现在能腾出更多时间来处理危急病例。

随着越来越多的部门认识到丰田生产系统可能带来的革命性影响，并且随着这种认知促使各部门开展了更多协作，一群资深的管理人员和医生开始共同探讨，为医院各项活动改进和实施更新更好的流程制定通用的方法。久而久之，员工们分享谦逊情境力以及建立2级关系所带来的益处就变成了日常惯例。由此，一种新型的2级社会技术文化应运而生。这些活动的成功最终促成了一个新机构的成立，它致力于向其他医院集团传授这些理念和方法。

经验教训：新任首席执行官的重建举措

PNHC案例的主要经验是，即使在大型组织体系中，建立以共情为基础的社会协作也是有可能的。我们看到，一位秉持谦逊情境力原则的首席执行官，是如何从董事会和高级管理人员入手，创建一份新契约（高层管理团队正式承诺遵守该契约），并在整个组织中建立 2 级关系的。格林的这份契约的首要目标，是通过各项改进措施，提升患者体验与安全保障，也因此给医护人员自身带来了积极的连带效应。此外，定期让董事会成员直接参与实地考察、巡查及其他活动，使他们了解组织的运作情况，这不仅能让他们成为变革项目的参与者，还能确保在高管人员变动的情况下新组织也能稳定运行。

总　　结

我们在本章开篇就提到，谦逊领导力最突出和显著的一些例子，往往出现在组织创立的最初阶段。数字设备公司（DEC）在成立之初便是如此，而对于像新加坡这样的城市国家，或是 PNHC 医疗集团这类大型组织，当它们试图建立一种更新更好的运营方式来进行自我重塑时，谦逊领导力同样适用。在上述的每个例子中，领导者将谦逊领导力的价值观融入组织文化，就能为业务增长与进步创造一个平台。

在很大程度上，组织的创建过程常常依赖于那些具有谦逊情境力特质的领导者。他们努力更清晰地了解组织需要实现的更新更好的目标,并与同事、下属以及客户建立良好的关系,以齐心协力共同实现更新更好愿景。

在本章的三个例子中,创始人的谦逊领导力使他们乐于接纳专家、协助者和观察者来组织进行实地观察和倾听,以从中获得重要的外部洞见。这正是谦逊领导力的核心所在:领导者承认需要充分调动团队成员的参与并汲取他们的见解,仅靠自己无法全面洞察情形也难以掌握足够信息来推动有意义的变革。

在回顾商业成功故事时,历史学家常常会突出伟大领导者的远见卓识,并将他们塑造为个人英雄。我们建议,至少应同样关注那些发挥谦逊领导力的人,他们与员工互动协作,使整个团队能够共启愿景并实现更新更好的目标。

讨论题

请想一想,你曾经参与或有所了解的组织中发生的一些重大变革。试着描述这些变革,看看你能否理解它们是如何发生的。你所观察到的这些变革是由何种领导力推动的?

第 4 章
组织变革过程中的谦逊领导力

在大型成熟组织中,谦逊领导力能够从任何一个有利位置出发,推动组织朝着任何方向发生变革。大型成熟组织与上一章描述的初创企业和成长阶段的企业的关键区别在于,其文化背景要复杂得多。各种组织惯例会直接或间接地影响着人们实现更新更好的目标的意图。组织变革不是由创始人简单地实施个人想法来推动,而是要通过成熟组织现有文化的演变与迭代来达成。

当一个成熟组织在其基本职能方面出现问题时,它通常要么从内部提拔新的领导者,要么从外部引入新的领导者。当一个外部的"专家"或"救世主"被引入时,他们需要直面现有组织文化的各种元素,其中一些文化元素可能已经变得僵化,甚至已经产生功能失调。这正是谦逊领导力推动组织变革的契机,通过让人们认识到新的可能性,并激励团队

第 4 章　组织变革过程中的谦逊领导力

去追求更新更好的事物来实现变革。在本章中，我们将研究三个案例，它们展示了谦逊领导力在社会干预中如何改变人们的观念，让人们看到了以积极的方式变革组织的有效途径。

案例 4.1　海军舰长打破等级惯例

等级制度——一种通过划分正式职级或地位层级来确保协调的机制——是组织生活的一个结构特征，但不同层级的个体之间实际发生的互动并不是由其自动规定的。在大学里，有行政管理人员的等级制度和教授的等级制度；在专业服务公司里，有资深合伙人与初级合伙人的层级差别；在立法机构中，有委员会主席及其他不同的资历层级；在大型研究项目中，有不同级别的权力划分；在医疗体系内，也有着明确的职权和等级职位。

美国军队似乎最不可能存在 2 级关系。在军队中，管理关系的核心就是无条件地服从指挥官的命令。这一惯例在很大程度上是基于军事传统，它强调军人必须学会服从命令，无论这些命令看起来是多么地专断或毫无意义。权力层级较低的人必须假定高层领导者知道需要什么样的协调。当然，也有许多关于个人英雄的故事，他们选择违抗命令，他们的谦逊情境力使他们看到了不同的实际情况，因而实事求是地采取有利于集体的行动。

近些年来，组织中越来越多的冲突强调团队合作、跨层级协作，以及赋予士兵在战场上自主决策权力的重要性（McChrystal, 2015; Fussell, 2017）。那么，在今天的军队中，"指挥与控制"意味着什么，它与谦逊领导力又有怎样的关联呢？根据实际情况的不同，组织中的关系层级可以是从-1级到3级中的任何一级。但在应对复杂且性命攸关的任务时，团队成员至少需要2级关系的信任和开放，才能建立起心理上安全的协作关系。

这个案例的重点是，一艘核潜艇上的文化是如何从士气低落、效率低下、循规蹈矩的1级文化，转变为士气高昂、工作高效且令人自豪的2级组织文化的。这种转变的基础是把现有的"领导者-追随者"组织转变为新的"领导者-领导者"组织（Marquet, 2012）。在新的组织结构下，虽然军事等级仍然发挥作用，但本质上不存在追随者；每个人都成为自己负责领域的领导者。在讲述这个故事时，L.大卫·马凯特舰长向我们展示了这种转变在很大程度上取决于他的谦逊情境力，以及他与下属关键人员建立起的2级关系。

马凯特通过与船员交谈并提出大量问题来建立关系。由于他对这艘潜艇并不熟悉，他的好奇是发自内心的，并非仅仅为了走形式而采取的言辞策略。在上任伊始"洞察形势"的过程中，马凯特认定他首先需要与船上最具影响力的人建立关系，也就是那些军士长。

他与军士长们建立 2 级关系的一种方式就是把他们召集到一起开会，并在倾听他们的观点时展现出谦逊情境力。他会问："你们对潜艇上目前的状况满意吗？还是你们希望看到一种更好的做事方式？"经过大量的交流和互动，军士长们才意识到，马凯特是真的想听到他们的想法，这不是一个陷阱，也不是在透露自己隐藏议程之前消磨时间的方式。马凯特写道："和很多时候一样，我事先不知道答案，这反而对我有帮助。我们没有进行那种假意征求意见、按部就班的会议，而是展开了一场坦诚的对话。"（Marquet，2012，p.170）

团队必须放弃为旧有的"让高级军官指挥与控制一切"的体制进行辩护。在旧体制下，他们虽有安全感，但却没有成就感，这导致了士气低落以及对工作本身的自满情绪。话虽如此，每个人内心都有改进的动力，当马凯特邀请他们思考如何做得更好时，他们愿意参与讨论。当一个组织运营顺利时，让团队承认需要变革就比较困难，但这里的情况并非如此。在马凯特的询问下，军士长们表示他们对现状并不满意。

第二部分　谦逊领导力在不同情境下的案例
Humble Leadership

马凯特提出的下一个关键问题是,他们是否认为当前的工作流程中存在需要改变的地方。值得注意的是,比起不问任何问题,只是命令军士长们去执行其他军官或外部检查人员的建议,这个问题在赋予他人权力方面的作用要大得多。它是基于真诚的好奇,马凯特得到的答案具有启示性,因为它们阐明了他自己不会想到的问题。这些军士长们首先提出来的需要改进的流程是,船员每次休假都需要经由潜艇上7个层级的领导批准,这常常会耽误时间,让船员的家庭和个人很难提前做好请假的时间规划。

马凯特知道,他们的提议——只需直属上级批准休假申请即可——与海军规定相悖,但他同意尝试。他知道违背海军规定需要承担个人风险,但他也知道,如果这些规定和惯例在当前情况下已经不合理,就要懂得何时突破它们,这是在为船员们树立一个重要的榜样。新的休假批准制度为船员们带来了方便,立刻提升了船员们的士气。

在马凯特的鼓励下,军士长们明白,当他们有变革想法时,应该主动提出来。为了克服他们回避冲突、坐等命令而非主动行动的习惯,马凯特教导他们要迅速找到改进之处,并向他提出变革建议,如果从集体的角度看这些建议是合理的,就可以进行实施。为了进一步提高大家的主动性,马凯特改变了上级向下级发号施令的严格体系，推行由直接下属以"长官，我打算……（改变航向、提高速度等）"的形式提出自己的建议。如果建议合理，高级军官就回应"很好"。马凯特还进一步要求，诸如"请允许……""我想要……""关于……我该怎么做""你觉得我们应该……""我们能不能……"这类带有层级色彩的语言，要替换为"我打算……""我计划……""我将……""我们将……"。这将增强人们在表达意图时的自主感，且表述更明确。在涉及复杂或有争议的决策时，马凯特还训练船员在说"我打算……"之前，先说明为何认为这是正确的举措。在他看来，假设和意图只有在没有被表达出来，因而无法得到验证或检验时，才会带来危险。

马凯特的方法奏效了，但我们或许可以提出一点改进：在我们看来，"我打算……"更像是一种寻求支持或认可的建设性邀请，相比之下，更有力的语言表达"我将……"可被解读为是一种承诺——这是一种并非寻求支持或认可的行动。这两个表述很相近，但前一个似乎更具邀请性与合作性，而后一个则带有英雄主义和个人主义色彩。我们可以肯定，马凯特倾向的是协作性的、而非自私自利的干预方式。

随着潜艇上的军士长们在运用自身专业知识和分享见解方面更加自信，他们发现授权给自己的直接下属也变得更加容易。结果是，那些懂得如何诊断和解决专业问题的人获得越来越大的控制权和影响力，尤其是在那些上级可能都尚未察觉的问题上。船员们不仅认识到了谦逊情境力的价值，而且当他们感受到更多的责任感和被赋予更多权力时，他们还发现了更多需要改进的地方，找到了更多做好事情的方法，从这个意义上说，他们自己也成了领导者。这很好地说明了谦逊领导者是如何将谦逊领导力在组织中传播开来的。

让我们看看马凯特实施的另一项变革，是关于在船员之间建立人心化关系的。他的目标是培养船员们的自豪感，而实现这一目标的方法是把他们当作全人而非仅仅看作是某个角色。他制定的新行为准则是，任何登上潜艇的人都会受到这样的问候：迎接者会先说出自己的名字，接着说出登艇者的名字，然后说"欢迎登艇"。马凯特认为，称呼对方的名字能激发自豪感，带着自豪感行事最终会让他人产生自豪感——为自己（他们是谁）而自豪，而非为自己的角色（他们做什么）而自豪。无论人们的军衔职级如何，迎接者都以这种方式交换姓名，这是该准则的关键部分。

为推行这一举措，马凯特召集了100名船员开会。大家按军衔列队，水兵们站在后排。他发现水兵们注意力不太集中，可能是因为听不太清他的讲话，于是他命令大家都站到前排，围在他身边，这是打破军方惯例的一个做法。这一举动让哪怕军衔最低的水兵都明白，指挥官希望他们每个人都能听到传达的信息，明白他们每个人都很重要。

在传统的等级制度中，对于级别较低的人来说，与上级建立正式的1级关系通常是符合他们自身利益的，因为他们只需按上级的命令行事，无须过多思考或承担过多责任，这让他们感到更安全、更轻松。但是，就像这个案例发生的情况一样，如果上级真诚地发起2级关系，而不是将其作为一种策略性的互动，那么他就能改变整个组织，因为这样一来有众多级别低的成员感到自己获得了关注，知道自己受到了重视。马凯特舰长对潜艇的变革主要体现在人际关系方面。他可能也对技术功能和流程做了改变，但他从一开始就清楚，人际关系的变革会让技术变革更容易实现，反之则未必。

经验教训：正式的等级制度中可以建立2级关系

这个故事最重要的启示是，在不放弃等级制度的情况下，将自上而下的控制系统转变为授权赋能系统是有可能的。这需要组织有改善运营的意愿和一位谦逊领导者，该领导者的思维模式、态度和行为能够持续引导员工，使其关注点从避免犯错转向有目的地追求更新更好的解决方案。

我们从这个故事中还认识到，组织为变革做好准备需要耐心、坚持和连贯性，还需要像马凯特这样的愿意冒险挑战海军传统惯例的领导者。幸运的是，他的冒险带来了新发现：有时，即使是级别比他高的军官，也欢迎新的做事方式，而非墨守成规，甚至因他的创新而惩罚他。

另一个重要的启示是，这类变革需要具备洞察和管理群体关系的能力与技巧。马凯特在他的叙述中给出了大量实例，表明他在会议等群体场合中的特定行为方式，对促使他人的行为改变和态度转变起到了关键作用。谦逊领导力的方法体系涵盖了关于群体如何形成及运作的智慧与洞见。我们将在第5章对此展开详细阐述。

案例4.2　在一家大型化工集团培养共情

Multi公司（基于一家真实公司取的化名）是一家全球性企业，业务涉及工业化学品、农用化学品和药品（Schein, E.H., 1985; Schein & Schein, 2018）。在这个案例发生时，公司由一个12人组成的内部董事会来管理运营。董事会的主席名义上是首席执行官，但董事会成员认为领导权归集体所有，并以集体形式承担全部责任。

Multi 公司通过各类并购实现了业务扩张,并基于产品、职能和地理区域设立了不同的部门。各部门负责人分别向各自对应的董事会成员汇报工作。然而,为了维持领导集体的有效性,董事会成员商定每隔几年就轮换各自管理的部门,以便每位领导者都熟悉公司业务的各个方面,不会出现因偏向某些产品、国家或职能而损害其他方面乃至整个公司的利益(在第 3 章中,我们看到新加坡政府有类似的轮岗制度,同时也看到了 DEC 公司内部的部落主义侵蚀企业文化时所产生的后果)。

董事会成员之间有意形成的共同问责机制,鼓励了针对艰难的战略与运营决策展开公开对话。这表明,公司通过在董事会层面建立开放和相互信任的关系,即使是在一个高度部门化的跨国公司,也能够打造出一种治理流程,让各个"孤岛"式的部门相互协作并共同承担责任。

这种领导架构还营造出一种氛围,让每个人都敢于直言。领导者们将这些重视开放与协作的价值观传递给组织内的其他人,尤其是他们的直接下属。在这个过程中,他们发现学会以团队形式运作是一项极具挑战性的任务。为了克服这一困难,他们聘请了团队建设方面的顾问,指导如何打造一个高效的团队。董事会成员定期抽出时间回顾团队协作流程，他们欣喜地发现，人人都在主动承担领导职责。公司通过让每位高管分担领导责任，熟悉各个部门、地理区域和职能，使得他们能够在开放和信任的基础上更好解决问题。

公司要营造出高度共同问责制以及开放、信任的 2 级关系，就需要建立并维持团队规范，新成员加入时也要学习这些规范。其中一个具体的实施例子是，公司每年的年会都包含半天的团队建设活动。公司三个层级的参与者会一起参与一些大家都不太擅长的特殊运动，在这些运动中他们以一种更为轻松和私人的方式相互接触。活动结束后，他们会享用一顿包含丰富饮品的非正式聚餐，这增进了所有成员为共同目标而凝聚的同事情谊。

这种董事会成员"分布式"的谦逊领导力模式有效地延续了几十年，直到行业发生重大变化，Multi 公司不得不削减几条化学品生产线，并逐渐将重心转向制药领域。这一举措最终促使 Multi 公司与另一家管理方式更为传统的制药公司合并。

然而，值得注意的是，当公司不得不大量裁员时，Multi 公司充分利用了大多数经理与直接下属建立起来的 2 级关系来推进这一过程。董事会成员认为，裁员通知应由每位员工的直属上司传达，而不是采用缺乏人情味的方式，即让人力资源部门代表或外部人员来宣布这个消息。此外,他们为这些前员工提供了多种选择,包括提前退休、兼职工作、特殊的合同咨询任务、各类培训项目、职业咨询以及优厚的离职补偿条款。每一位被裁的员工都被视为一个完整的人,他们可能会遭受失业带来的潜在打击。在这种时候,公司以人心化的态度对待员工显得尤为重要,这能在一定程度上维持信任,让大家相信这个过程尽管痛苦,但也是公平的。让Multi公司感到自豪的是,它获得了所在社区的积极评价,尤其是与一家竞争对手形成了鲜明的对比,那家公司采用了缺乏人情味的裁员方式,最终引发了丑闻和诉讼。

经验教训:团队领导力和个人领导力

通过一种兼顾个人领导力与团队领导力的流程来管理大型组织是可行的。这种流程让人感到舒适和自然的程度,取决于更广泛的组织文化背景,以及组织文化是更倾向于集体主义还是合作式管理。Multi是一家瑞士公司,明显体现了瑞士文化的诸多价值观。同样,运用谦逊领导力的组织通常会在一定程度上反映出其所处的社会文化环境,即组织创立和运营所依赖的社会文化。

从Multi公司案例中得到的另一个关键启示是,让组织的所有高层人员充分理解组织的目标和职能至关重要。他们通过在各个部门进行系统性的轮岗，有助于强化共同的价值观，并增进对每个部门的理解与认同。当每个人都朝着共同的目标努力，公司的各个部分都有所投入，并建立起 2 级关系时，即使面临激烈争论的情况，他们也能够做出正确的战略决策，因为这些是在开放和协作的环境中进行的。

案例 4.3　在一家陷入困境的公用事业公司中创建社会责任项目

阿尔法公司（基于一家真实公司虚构的名称）为美国一座大城市提供电力、燃气和供热服务（Schein & Schein, 2019）。20 世纪 90 年代，该公司因一起事故致使石棉粉尘扩散至居民区，该公司先是否认，随后又掩盖了部分后果，导致其陷入与当地政府的纠葛之中。阿尔法公司处于缓刑期，法院指定了一名独立监督员，有权全面审查其所有活动，以确保这起重大环境违规事件得到妥善处理。该公司需要进行重大转型，以重新赢得社区的信任。

阿尔法公司新任董事会主席琼·威利斯（基于真实人物的化名）同时也是当地一家自然历史博物馆的馆长。她认为，阿尔法公司不仅必须修复与当地政府的关系，还必须从根本上重塑公司形象，要从一家傲慢强势的公用事业公司转变为一个具有社会责任感的社区成员。威利斯和阿尔法公司的首席执行官共同决定，公司的新形象将围绕一项具有社会责任感的环境健康与安全计划来打造，这一计划将使社区居民和阿尔法公司的员工都受益。

当阿尔法公司启动这一转型时，公司中缺乏高层管理者来统一协调，以达成以下两点：（a）修复公司受损的形象（包括处于缓刑期带来的负面标签）；（b）减少最初引发危机的事故——这些事故不仅对员工和市民造成伤害，还对环境造成了污染。

变革计划始于威利斯和首席执行官意识到，他们需要一个更强大的知识基础，尤其是围绕环境问题。他们成立了一个专门的环境健康与安全委员会，直接向董事会的一个小组委员会以及首席执行官汇报。此外，该委员会聘请了两名经验丰富的环境律师和一名组织文化专家作为外部顾问。在对阿尔法公司的起诉中，法官明确指出阿尔法公司的文化是"问题的一部分"。这三名顾问与新任命的环境健康与安全副总裁直接合作，随后正式组成领导团队，即环境质量审查委员会，该团队获得授权，以打造公司更新更好的形象，并改善环境健康与安全相关成果：减少事故发生，降低环境损害。

公司与当地管理层和工会建立 2 级关系

阿尔法公司启动的所谓"文化转型计划"，其多个方面都源于环境质量审查委员会充分发挥了谦逊领导力。环境质量审查委员会工作的第一步是召开一系列会议，在团队内部营造开放与信任的氛围，并思考需要设计和实施哪些新活动、设立哪些新委员会以及构建何种信息收集流程。

这种"相互了解"的过程，要求环境质量审查委员会分享以下几方面信息：（1）环境事务与法律问题；（2）如何管理组织文化变革的见解；（3）关于阿尔法公司文化多年来演变历程的组织记忆与反思。很快，团队就意识到谦逊情境力的重要性，因为在环境与安全领域，很明显重大事故、石油泄漏、有毒化学品与气体泄漏及类似事件可能随时随地发生，这就需要各个层级的员工都应保持警觉。仅仅在事后让一线员工去复盘和检讨是远远不够的。

因此，第一个且最为必要的举措是确保新的环境健康与安全委员会的组成既包括高层管理人员，也有工会成员。工会代表了阿尔法公司的大部分一线员工，多年来一直将影响员工健康的环境健康与安全当作谈判工具。为了在整个层级体系中围绕环境健康与安全问题建立开放的沟通与信任机制，这两个群体需要携手合作。环境质量审查委员会提议，环境健康与安全委员会应由环境健康与安全副总裁负责管理，成员应包括阿尔法公司的首席运营官、各主要部门与职能部门的负责人、环境质量审查委员会成员以及两名或更多工会领导者。

修复环境健康与安全项目的关键在于，各部门之间以及不同层级之间要保持开放的沟通和高度的信任。同样明确的是，如果人们一直保持那种交易型和职业距离的关系，将很难建立开放与信任的协作。参与者需要经常会面，每次会面持续几个小时，不仅要讨论实现转型需要实施哪些更新更好的项目、流程和教育活动，还要在个人层面相互了解。

构建共同身份认同和更开放的跨界沟通

这个由 20 人组成的环境健康与安全委员会召开多次会议之后，成员们才逐渐从各自部门的事务性代表，转变为一个能够识别并处理由环境健康与安全委员会所提出的共同关键问题的协作团队。随着他们之间的信任和开放度的提升，一些引人注目的组织变革议题被提出、讨论并采纳。例如，随着工会代表经常参与会议，高层管理人员意识到让工会成

第二部分　谦逊领导力在不同情境下的案例
Humble Leadership

员以多重身份更深入地参与其中会大有裨益。再例如,在事故发生时,工会成员不仅应参与分析事故原因及未来应如何改进,还应被允许以专家身份向委员会提交分析报告和补救措施。这个新想法——工会成员可以向高级管理团队做汇报——被认为是一种更新更好的方法,因为它不仅通过更全面的信息共享完善了安全流程,还在整个组织的上下层级中建立了更好的协作关系。

随着环境健康与安全委员会成员之间的关系变得更加轻松融洽,不同成员在提出进一步加强关系的建议时也更加自在,企业文化也持续得到改善。这种新氛围带来的一个显著变化是,大家共同决定每月在一个大房间里举行一次时长两小时的午餐会。来自不同业务部门和职能部门的五六个团队会参加这个午餐会,每个团队都被提名向其他团队和高管们展示他们在健康与安全领域的最新创新成果。每个5人团队都由一些高级经理和一些工会成员组成。

在第一个小时里,大家随机分成四五人的小组,围坐在餐桌旁用餐,便于每个人相互认识。午餐过后,餐桌被推到一旁,所有人面对面坐在椅子上围坐成一个大圈。首席运营官会让围坐一圈的成员依次介绍自己的姓名和职务,随后各团队用十分钟展示他们所取得的成果,接着是问答环节和一般性的讨论与交流。在这样的午餐会上，令人印象深刻的是，大家纷纷表示自己学到了新东西，马上就可以应用到自己的团队中，同时也对工会成员的展示赞不绝口。高层管理人员此前并没有意识到公司不同的技术部门，如电力、燃气和供热部门，彼此之间能有这么多可以相互学习之处，也没料到一线员工竟能展现出如此丰富的知识。

环境健康与安全委员会自身的一个更为重大的变化是，它引发了关于传统的纪律处分程序的公开讨论。以往，纪律处分程序大多聚焦在找出事故或泄漏事件的责任人，也就是"问责文化"。而这种全新的看待问题的方式促使阿尔法公司对系统性和技术问题为何常常成为事故与泄漏事件的根源，展开了更具创造性的分析。

在这个委员会倡导的新程序中，谦逊情境力原则要求纪律处分程序更多关注员工违反规定的原因。例如，有一名员工因在危险的电气维修过程中未佩戴护目镜而被解雇。委员会花时间调查为何这样一位备受认可且经验丰富的员工会公然违反最重要的规定之一。调查结果发现，当天湿度极高，就在该员工进行最后拼接操作的时候，护目镜完全起雾了，如果他继续戴着护目镜，反而会让自己面临更大危险。当这一信息被披露后，管理团队本着谦逊情境力的精神，不仅让

第二部分　谦逊领导力在不同情境下的案例
Humble Leadership

该员工复职，还邀请他加入一个新成立的特别工作组，该工作组被授权寻找更好的供应商，提供在极端湿度下也不太容易起雾的护目镜。由此，他们通过对环境健康与安全实践更深入的调查，引入了一种更新更好的技术。这给员工们传递出一个明确的信息：高级管理人员如今愿意倾听一线员工的声音，并且不会利用等级制度来处罚已发生的问题，而是努力寻找解决问题的创造性方案。

为确保组织中上下级沟通的开放与信任，环境健康与安全领导团队要求外部顾问定期组织焦点小组讨论，随机挑选工会成员参与访谈。这些访谈为评估新方案是否有效提供了重要反馈。例如，有反馈表明，备受推崇的"暂停工作"方案允许并鼓励员工在发现安全或环境问题时停止工作，但如果高层管理人员经常询问哪些团队和部门暂停工作次数最多，这个方案就很容易失效。当中层经理质问一线主管"为什么你们团队暂停工作次数这么多？"时，主管随后就会向员工施压，要求他们不要申请暂停，这就完全违背了该方案的初衷，这并不令人意外。

焦点小组的案例揭示了一个明显的组织功能障碍，这促使顾问与高层管理人员合作，摒弃传统的基于数据的控制手段，转而制定一个较少关注财务和进度问题、更多关注安全和环境问题的方案。随后，阿尔法公司还设立了"监察员"职位，并开通了一条保密热线，让员工能够举报主管无视合理暂停工作诉求的情况。

经验教训：推动组织从冷漠变为共情与协作

阿尔法公司的谦逊领导力案例带来的最关键的启示是，环境健康与安全委员会自身在很大程度上成了一个2级关系团队。在这个团队中，成员（包括工会代表）能够彼此开放地讨论变革与创新。在环境质量审查委员会顾问的推动下，这些讨论催生了诸多关于如何提升健康与安全绩效的想法，同时也表明，最佳解决方案往往源自委员会中工会成员与管理人员共同确定的思路。

对阿尔法公司而言，通过举办更多、时间更长且成员更加多元化（包括外部顾问）的会议来有意识地建立2级关系，是促使各个部门成员相互交流的必要举措，更重要的是，促使他们互相倾听。当沟通出现障碍，或者人们未能充分倾听对方观点时，就需要以积极引导的形式进行直接干预。阿尔法公司建立共情和心理安全的环境，有助于在公司的各个层级营造开放与信任的氛围。

也许最重要的启示是，在一个历史悠久和成熟的组织内部，一旦用 2 级关系来取代传统的 1 级交易关系，促使员工相互了解并塑造共同的组织身份认同，就能引发巨大的变革。

环境质量审查委员会持续运营了大约 15 年。之后，阿尔法公司已有足够多的成员接受了谦逊情境力理念，并在内部建立起了 2 级关系，因此，环境质量审查委员会作为一个正式团队已不再必要。它所推行的实践开始自行发挥作用，而当出现与阿尔法公司维持其在环境责任、安全及员工健康方面良好记录相关的特定问题时，新引入的协调人员则可对某些方面进行重新审视。

总　　结

在大型成熟组织中推行谦逊领导力显然极具挑战性，因为任何更新更好的举措都不可避免地会与最初使组织取得成功的技术和社会常规做法进行比较。组织中的老员工尤其可能对变革持保守态度，因为他们一直认为现有系统"足够好"。当面对诸如市场变化等外部挑战时，他们可能还会觉得，践行谦逊领导力是在组织已面临的挑战之外，又额外增加了大量的工作。在这种情况下，谦逊领导力可能会被视为

"严厉的爱"：它要求我们接受的这个过程可能会很艰难，但它承诺朝着更新更好的方向进行内部变革——这种变革是我们共同定义的，而非受外部力量的逼迫——它最终是值得的，并对每个人都更有益。

正如本章中的案例所示，组织实施谦逊领导力会在技术文化和社会文化方面带来显著冲击。在技术文化方面，它要求制定新的战略、组织设计和流程；在社会文化方面，它要求围绕协作、开放沟通和更深度的信任引入新的文化规范，原本"稳定"的等级制度可能也需要做出改变。

讨论题

- 请思考你曾经工作过的组织，如果你是上司，哪些流程是你本可以改进的呢？
- 请与他人探讨，你认为你所提出的改进流程为什么没有得到实施。要真正实现这些改进，你需要做些什么？
- 看看你能否确定一个组织现有的等级制度是如何限制了你所设想的潜在变革的。谦逊情境力以及2级关系层面的开放性和信任又会如何提高运营效率？

第 5 章

谦逊领导力中的群体动力学

在前几章的例子中，我们描述了领导者是如何掌握谦逊情境力思维的，谦逊情境力是谦逊领导力的一个标志性思维模式。我们还强调，在大多数情况下，他们的成功源于他们在管理团队时有充分利用 2 级关系的能力。

这些领导者组建团队、采取有效的激励措施并创造条件，将团队转变为高绩效团队，他们的方法令人瞩目。本章我们关注的重点是，他们的领导力在多大程度上体现了他们对群体动力学的理解和认可，使得他们能够实现更新更好的目标。

群体过程和体验式学习越来越受到关注

谦逊领导力的一个基础组成部分是要学会从人际和群体互动过程的角度进行思考与管理。为了更深入了解在哪些情形下,人际互动过程对成功的表现至关重要,我们不妨将目光从商业组织转向表演艺术领域。这种新的视角有助于我们拓宽对"成功"或"获胜"的评判标准,使其纳入更多的定性标准,如组织的整体表现或有效的适应性学习。在传统上,对定量标准的关注往往适合许多组织的线性机器模型,然而,我们发现,随着工作变得愈发有机化和系统化,我们评估成果的方式必须纳入新的感知标准(即便不是情感标准的话),以适应工作的复杂性。

领导力与群体动力学之间的联系早已存在。研究组织的社会心理学家很早就认识到群体关系的影响力强大,员工协作比独自工作能完成更多任务。群体动力学的力量在诸多实验中得到了充分证实,这些实验强调,提升群体能量与动力的最佳方式,就是让一个群体与另一个群体展开竞争。

许多关于在不同任务和情境下群体力量的积极与消极影响的观点,都能在人际关系工作坊中通过以竞争为重点的练习和角色扮演来轻松再现。然而,群体动力学研究的早期学者们过于关注如何提高行为动力,以至于没有看到当个体在群体中为求获胜而充满动力时,会产生各种相关且潜在的负面后果。

一个群体想要战胜另一个群体的集体愿望,可能会导致专制行为。这可能表现为成员们做出不必要的"赶紧行动"的决策、压制不同意见，或普遍忽视倾听群体内不同声音可能会带来更好结果这一观点。在竞争环境下，我们常常看到1级关系中的交易行为，有时甚至是-1级行为，即群体中的一些成员为了击败竞争群体而支配其他成员。

当然，内部的群体动力有许多积极特征。美国社会学家库尔特·勒温的理论与实验激发了人们对这些积极特征更浓厚的兴趣。1945年，勒温在麻省理工学院创立了群体动力学研究中心，并开设了一个博士课程。勒温有一项重大发现，即研究对象可以有效地参与到研究过程本身当中，这一概念后来被称为"行动研究"。群体成员参与研究过程，能获得深刻的个人学习体验。知识的生成过程与将知识立即应用于所研究问题的行为之间建立了紧密联系，这在教育领域尤为明显。如今，我们通常称其为"体验式学习"。

这一见解直接推动了对学习过程的研究。在传统课堂中，人们通常期待教师向学生传授他们需要学习的内容。相比之下，在更注重体验式学习的课堂里，学生将承担学习的主要责任，而教师的角色则是提供学习环境和工具，但不一定是提供规定的教学大纲、授课和指定阅读材料。这种方法在科学和工程学领域显然存在局限性，但在其他学科中可能效果良好,当我们要判定某项任务完成得如何时,它可能是理解人际关系、群体和文化的整合作用的关键。

勒温的研究表明,如果教师不是单纯"讲授",而是引导学生获得实时体验,再对其进行分析,教师以引导师的身份提供帮助,那么关于群体及人际互动的教学确实能得到显著提升。这种共创的学习过程,促使勒温在1947年创立了"国家群体发展培训实验室"。在缅因州的贝塞尔,T小组(培训小组)作为领导力与群体动力学人际关系实验室的核心而成立(Schein,E.H.,& Bennis,1965)。

如今的组织发展,在很大程度上源于这些早期被称为"敏感性训练"的实验。参与者与引导师共同合作,了解如何对群体过程进行系统性分析,以理解组织内各群体内部及群体之间发生的事件。在人际关系实验室中,研究人员组建小组,让他们在模拟社区或竞争活动中相互交流,这样就能观察到"部落"是如何形成的(往往几天内就形成了),以及功能失调的竞争出现的速度有多快。

正如T小组的学习过程是由参与者共同创造的一样,组织、群体和团队的设计也可以由召集者和成员共同完成,而非由外部专家一手包办。研究人员每天都能观察到,谦逊领导力与群体更有效地执行任务的能力相关联。我们意识到,如果能让群体参与者了解群体流程,并通过设计使群体流程清晰可见的模拟情境和练习,邀请他们对这些流程进行反思和分析,那么在群体内部管理变革、解决问题以及纠正组织弊病等工作将会更为成功。

在这些研究中,研究人员注意到,组织发展、变革管理和领导力实践在本质上都高度融合了社会文化与技术文化,其中,社会文化在参与者之间的对话、他们建立的关系以及群体之间的互动中表现得尤为明显。虽然一个群体的任务、目标、使命和存在的理由通常被视为是技术文化的一部分,但该群体如何实现目标和如何表现在很大程度上取决于群体演化的社会过程。在本章中,我们将更明确地聚焦于谦逊领导力的社会层面是如何在各种组织变革事件中潜移默化地得到强化的。

案例 5.1 一种让各单位基于共情实现协同合作的流程

汽车制造公司萨博的技术部门由六个不同的研究单位组成,每个单位都为公司的不同部门服务。首席执行官聘请了一位流程顾问来设计一项活动,希望让各研究单位的负责人认识到协作的潜力,而不是各自为政,为稀缺资源相互竞争。这位顾问与首席执行官共同为这六个单位的高管们设计了一个为期三天、分三个阶段、以流程为导向的工作坊。

在第一阶段，顾问讲解了文化的概念，以及这些研究单位的高管们应如何解读与他们工作相关的组织文化。随后，每个团队指定两名成员担任"文化研究者"。在第二阶段，这些"文化研究者"深入其他团队，了解彼此的文化。到了第三阶段，他们向全体成员汇报研究结果。接着，大家共同探讨技术文化主题与社会文化如何相互补充，并以此作为各单位之间开展更多合作的基础。他们通过文化视角相互观察，并就观察所得进行交流，这催生了一种截然不同的2级关系层面的对话，进而促成了多种新的合作形式。这一实践帮助研究单位的高管们看到了各单位之间的相互依存关系，也让他们明白了以往未曾察觉的相互协助的方式。

经验教训：促成相互理解

我们从这个例子中看到，通过邀请各单位成员（以"文化研究者"的身份）去了解其他单位的情况，进而发现彼此间的相互依存关系以及共同的工作流程，从而使单位之间的1级交易关系造成的冷漠状态得以"治愈"。首席执行官与各研究单位高管共同设计的方案，让不同单位的成员能够对彼此的工作产生共情。首席执行官明白，他希望这六个单位的关键成员能更好地相互了解，建立 2 级关系，但他没有简单地让大家作为一个整体共同开展某项活动，而是认为先教他们如何观察是一种更有效的做法。"让我们了解彼此的文化"是一个很好的目标，它所隐含的目的是学习如何跨越组织"孤岛"进行协同工作。学习如何观察和分析另一个群体的"文化"是一种新的、有价值的过程技能。

案例 5.2　海军舰队司令打破 1 级交易型等级制度的案例

在案例 4.1 中，我们描述了马凯特舰长是如何在不损害等级制度的前提下，改变其潜艇上的团队运作流程的。现在，我们想再举一个极具说服力的例子。这是一位美国海军退役舰队司令分享给我们的，他讲述了自己是如何迅速而果断地彰显谦逊情境力的重要性的。

当时，这位舰队司令是一艘美国海军核动力航空母舰的指挥官。实际上，他就相当于是一个拥有 5000 名成员、集中办公型组织的首席执行官，对这个组织而言，安全与质量是重中之重。作为一名核科学家和海军飞行员，他的背景、经验与实践知识，使他在执行任务的技术层面游刃有余。然而，这个故事要讲述的是他作为一名谦逊领导者如何追随自己的直觉行事。

有一天，在舰艇的飞行甲板上发生了一起事故。在飞机作业的关键环节——轮挡和系留链的操作中出现了失误，这可能会危及生命或者导致价值不菲的飞机受损。这个失误是由一名飞行甲板操作员处理不当造成的。

按照正常的海军等级制度和规程，这次失误本应被记录下来，进行事后汇报分析并加以纠正，而且那名飞行甲板操作员也会受到一定程度的斥责和纪律处分。这位舰队司令告诉我们，这样的失误在航母飞行甲板的日常操作中并非罕见。这种复杂的事情时有发生，而美国海军拥有两百年的组织经验来处理这类事件。这位指挥官本可以按照等级制度按部就班地处理这个问题并拿出解决方案，但他并没有这么做。

相反，他邀请那名飞行甲板操作员到他的住处，只有他们两人来讨论这起事故。这位指挥官本人也曾是一名飞行员，深知飞行甲板操作与飞机调度的复杂细节，对于航母执行任务以及相关工作人员的安全至关重要。他想直接从操作员那里了解到底发生了什么，为什么发生，如何发生的，以及为什么能确保此类事件不再发生。从更深层次来讲，相较于惩戒这名操作员，他更关心的是事实真相和事件过程。在纪律处分方面，自然有相关制度来处理。

那次会面会的情景是什么样呢？那名基层的飞行甲板操作员是感到恐惧、羞愧、懊悔，还是已经认命了？如果他出现这些情绪，指挥官又将如何了解事情的真相呢？这位舰队司令告诉我们，他将谈话重点放在自己对事件确切细节及其原因的好奇上，从而迅速让对方建立起"心理安全感"，让操作员明白这次会面不是为了惩罚，而是为了探究事情的来龙去脉。他们的共同目标是当这名年轻船员离开时，是带着想要做得更好的决心，而不是带着做错事被训斥的羞愧离开。

虽然训斥可以强化对等级制度的遵从，但这位上将作为指挥官，更关注的是培养大家对任务、安全和高质量执行的责任感。通过这次会面，并将对话重点放在当事人以及事件细节真相上，而非指责与惩罚，他强化了自己对改进航母上攸关生死的作业流程的高度重视。这种公开且面对面的双向对话，展现了他对这一流程的重视，无论是最高级别的领导者还是最基层的水兵，都能认同并从中学习。

经验教训：等级制度是一个社会-技术系统

这位海军舰队司令在职业生涯后期成了核电运营研究所（INPO）的首席执行官。核电运营研究所是一个核工业创立

第 5 章 谦逊领导力中的群体动力学

的培训与咨询机构,旨在确保美国的 100 多家核电站能够通过核管理委员会制定的审批标准。埃德·沙因是一个顾问委员会的成员,该委员会每月都会与核电运营研究所的高级管理人员会面,就如何使核电运营研究所的检查和培训工作发挥最大效力提供建议。

很显然,海军舰队司令在这些会议中努力推动在核电运营研究所员工中培养人际交往和群体协作能力,这些员工的工作是拜访、分析并帮助核电站改进发现的问题。他和他的前任们非常清楚,核电运营研究所的工作虽然看起来是技术性的,但却深度融合了社会文化和技术文化——核电站的安全运行不仅与技术性能和设计有关,更与核电站上下级的开放沟通和信任有关。

在一次核电运营研究所员工的培训中,埃德·沙因讯问工作组在访问一个核电站的过程中需要多长时间才能确定核电站是否存在问题。工作组成员表示,他们只需要花半天的时间就能确定组织中是否存在信任和开放的问题,但需要花两周的时间来进行分析,才能获得足够的实例,并开始与核电站员工建立协作关系,使他们能够倾听并立刻改善那些观察到的有关开放和信任的问题。

多年后,埃德·沙因回想起来,这位舰队司令与飞行甲板操作员的互动,无论是从象征意义还是个人层面来看,都清晰地反映出他在践行谦逊领导力。他能够向整个组织传达自己在特定情境下的谦逊态度，以及重视一名基层水兵提供的详细信息，无论其个人是否有过错。这位舰队司令后来管理核电运营研究所的方式表明，他坚信谦逊领导力不仅可以有效处理航母上的某一孤立事件，在大型复杂组织中，同样可以成为一种切实可行的和可以广泛推广的有效管理模式。

案例 5.3　在医院集团中将谦逊的问讯作为改进工具

罗伯特·瑞安是贝塔医院集团质量与改进部门的负责人。贝塔医院集团是一个跨多个州的区域性医院集团，旗下有十家医院（请注意，罗伯特·瑞安和贝塔医院集团均为化名）。他发起了一项基于团队的流程，旨在改变该组织的社交互动模式元素。瑞安此前将丰田生产集团应用于工业制造领域，如今担任这家医院集团的首席质量官。他将与医院集团的首席执行官合作，后者正致力于改善员工之间的关系，以及员工与患者之间的关系。他们通过另一家医院的一位医生的播客节目，接触到了"谦逊的问讯"的概念（Schein & Schein, 2021），并决定将这一特定流程作为探索和改善贝塔医院集团内人际关系的工具。

第 5 章　谦逊领导力中的群体动力学

瑞安确定并召集了一群医护人员、管理人员和医生,他们自愿成为变革的倡导者和更新更好方法的实施者。他们面临的挑战是如何在一个庞大且多元化的组织中推广积极的人际互动模式,包括"谦逊的问讯"。这个医院集团如何才能推广更好地问讯、保持开放和建立信任这样具有个人和社会属性的行为呢?

在一年多的时间里,瑞安组建了一个团队,研究如何最有效地借助《谦逊的问讯》这本书来推动变革。他的计划包括使用从书中提炼出的培训材料,以及开展一项练习,指导大家如何在矩阵式组织中建立良好的人际关系。为了让每个人都熟悉《谦逊的问讯》的原则,他不仅分发了这本书,还分享了许多关于《谦逊的问讯》和如何建立人际关系的视频,另外还准备了 3×5 规格的卡片,上面印着他所倡导的、用以提醒大家的工作原则。

这个变革项目发展过程中值得关注的是,该练习最初是为完全不同的功能而设计的,然而它很快就演变成一种既能反映瑞安和首席执行官的需求,又能采纳来自各医学部门负责人等参与者建议的新形式。瑞安作为一名谦逊领导者,不仅开启了团队学习进程,还将其融入了贝塔医院集团的管理体系。这反过来又促使整个医院集团内的个人和团队引入了多个更新更好的元素。

经验教训：构建一种社会结构，促进跨层级的2级关系

这个案例强调了如何通过设计特定的培训流程来增强共创的新流程，让参与者能够放心地实践谦逊的问讯，从而增强整个组织的人际互动。这种谦逊的问讯的培训，强化了有助于建立开放和互信的2级关系的行为，促使参与者在各自的子部门中推广构建2级关系。

案例5.4　将群体理论引入技术改进工作

在医疗保健行业，组织越来越重视改进管理。这类项目往往源于对丰田生产系统方法的应用，就像案例5.3的贝塔医院集团和案例3.3的PNHC。虽然这些项目既强调了技术改进，也注重社会关系的变革，而其中许多项目针对医疗实践技术开发出了更为复杂的变革模型，但对员工关系的关注则相对不够明确。

尽管如此，这些管理改进活动是众多谦逊领导力行为的成果。那些有影响力的倡导者积极推动，让人们意识到建立关系的重要性，他们挑选了全力支持这些变革项目的医生，

还有精通社会与技术层面的医生领导者，这些医生贡献了专业知识与精力，为持续开展的变革项目营造了有利势头，这些变革项目在关注量化改进措施的同时，也重视人际关系建设。

经验教训：在改进工作中搭建社会文化和技术文化之间的桥梁

当谦逊领导力在诸如贝塔医院集团所推行的这类变革项目中取得显著成效时，我们需要注意的是，尽管等级制度中的领导者引入了这些实践，但谦逊领导力却贯穿在组织各层级和诸多活动中。当我们直接参与到这些项目中时，我们观察到，年轻医生、住院医师和小团队中的工作人员都在培养领导力，担任中层管理角色的医生也是如此，还有那些努力在改进技术的同时实现社会关系改善的资深医生也同样如此。

总　　结

技术变革的步伐日益加快，这意味着技术熟练程度不同的个体与群体之间的相互依赖程度必然会越来越高。这会使人们更加需要关注工作小组内部和工作小组之间的人际关系。理解并管理群体动力的能力，是决定能否实现最佳任务成果的关键因素。因此，这就要求各个群体从技术理性向社会技术理性转变。

我们的关注重点已经从群体动力学和群体间竞争转向关注群体协作的过程，以及帮助群体成员理解并有效管理相互依赖关系所带来的积极成果。我们必须认真思考，在这个复杂多变的世界里，谦逊领导力能够成为推动发展更新更好的群体协作流程的重要力量。

讨论题

请回想你曾参与过的临时工作小组的情境。这个小组是如何组织的？是否有特定的领导者或召集人？如果有，这个人在安排工作方面发挥了什么作用？工作小组是如何决定要做什么的，其结果又如何？

第三部分
PART 3

文化与谦逊领导力的未来

在接下来的三章中,我们将探讨谦逊领导力与组织文化的关系,并借助一套特定的术语来解读文化。我们还会探究谦逊领导力与文化变革的关系,随后论述如何预测未来文化对组织及其领导者的影响。

第 6 章

谦逊领导力中的文化动力

理解谦逊领导力如何影响组织效能与组织设计的未来走向的关键之一，是构建一个全面的组织文化模型。一位以真正的谦逊情境力应对挑战的领导者，必然会遇到群体亚文化、会议、日常惯例与仪式之间层次分明且充满活力的互动。在理解这种复杂性的过程中，我们需要思考一个问题："鉴于当前的形势，什么是'更新更好'的恰当举措呢？"

在上一章中，我们讨论了理解人际关系和群体动力学的重要性，在本章中，我们将了解如何通过理解塑造组织模式和应对挑战方式的文化力量来补充这方面的认识。对谦逊领导者来说，这些力量将决定什么是"更好"的行为标准。为了理解这一切，让我们先定义一些术语，以帮助我们探究文化是什么以及它的作用。

理解文化的一种模型与一组术语

这里提出的文化模型是在过去40年里随着组织研究领域的发展而逐步形成的（Schein & Schein，2017）。当思考"文化是什么"时，我们经常会听到类似这样的说法："文化就是我们所做的事情和我们的行为方式，它就像我们呼吸的空气一样无处不在。"所有这些说法都是正确的，但就我们的研究目的而言，这一定义还不够精确。

为了更确切地阐释无处不在的文化，我们更倾向于强调学习，尤其是一个群体如何学会生存与发展。正如我们在第1章中首次提到的，文化可被定义为"累积的共享知识"。在一个群体或公司的形成阶段，如果领导者汲取了关键经验，并在组织发展过程中将这些经验分享给其他成员，就能够从一开始就塑造组织文化。在一个成熟的组织中，新加入的成员在向内部人员及创始人学习现有文化的同时，也能带来新的视角。这种基于共同学习的灌输、迭代、启发与累积的过程，便成了组织未来发展的基石。

我们的文化模型基于以上定义和从"惯例到意图"的连续性。我们从美国文化人类学家马歇尔·萨林斯提出的"结构与实践"观点出发，重新诠释这些术语。萨林斯认为，文化是在"结构的实践与实践的结构"的持续相互作用中演变的（Sahlins，1981）。在我们试图更具体地阐述文化动力时，结构与实践的概念非常有帮助。

文化的结构

我们可以将文化结构定义为是惯例的累积，即那些"让我们走到今天"的既定的思维方式和行为方式。文化实践则可定义为是我们应对新一天的方式，包括我们构建、维持和改变自己所做的事情，以及我们对自己所做事情的思考方式。我们对挑战和机遇的反应，既反映了惯例的稳定性（"我们以前就是这样应对挑战的"），也反映了我们在克服挑战和推动变革时所怀有的期待或焦虑。我们的行动既反映惯例（文化结构），也投射出我们的意图（文化实践）。这种基本的动态关系既适用于应对外部威胁和机遇时的"外部适应"问题，也适用于应对"内部整合"方面的挑战，比如机构重组、业务增长、经济衰退、引入新的管理者或领导者等情况（Schein & Schein，2017）。

基于文化结构的概念，表6-1展示了一种三层分类法，该分类法于1985年首次提出（Schein，E.H.，1985），至今仍有助于明确那些影响我们意图（实践）的传统价值观。

表 6-1 文化的结构

人造器物	所宣扬的价值观	潜在假设
所能看到、听到、亲身感受到的事物	组织内部人员所讲的重要且受重视的理念	核心的、历史形成且不可协商的信念

我们首先来看前两个术语以及它们之间的相互关系。公司的建筑、办公室、办公隔间、办公桌、海报、展示关键运营指标的显示屏、"周三比萨日""周五居家办公日"以及众多其他可观察到的事物，构成了组织特定文化的"人造器物"。它们是你在工作场所能够亲眼看到、亲耳听到和亲身感受到的东西。内部人员对公司的描述代表了他们"所宣扬的价值观"，其中既包括组织已经在做的事情，也包括其未来渴望达成的目标。尽管人造器物和所宣扬的价值观都是公司文化的一部分，但有时人造器物与所宣扬的价值观并不一致，比如太阳微系统公司的例子。在被甲骨文公司收购之前的那些年里，其员工声称"我们是一家系统公司"，但实际上，太阳微系统公司的设计产物——包括设计和营销微电子、大型计算机系统、数据存储硬件、中端服务器系统的大型部门，以及操作系统软件——表明它主要是一家硬件（服务器和存储设备）公司。然而，太阳微系统公司的领导者和忠实拥护者

明知外界大多认为它是一家硬件公司,却仍称其为"系统公司",这并非偶然:"系统"这个词是一个统一的概念和愿景(并且比单纯的硬件具有更高的盈利增长潜力),所以它符合太阳微系统公司想要给外界留下的印象,无论其实际情况如何。一个组织宣称一些理想化的价值观,即使这些价值观与它在当前市场中所能实现的目标不一致,这种情况并不少见。

为了真正理解为何所观察到的人造器物与所宣扬的价值观之间常常存在不一致,我们必须揭示组织最初的、具有凝聚力的"存在理由",即组织创立时所秉持的价值观,且随着组织的成功与发展,这些价值观会被视为理所当然且不容置疑的。这些潜在的存在理由起着基本假设的作用,驱动着人们的日常行为,并成为使公司保持凝聚力和动力的隐性惯例。但令人遗憾的是,当外部环境与最初的价值观不再相符时,这些惯例有时也会导致公司产生错觉。

文化的实践

一个组织的文化实践活动,描述的是其当下的活动和意图,也可从三个层面来阐释。我们将其分别称为文化实践中的技术层面、社会层面和宏观层面(见表6-2)。

表 6-2　文化的实践

技术层面	社会层面	宏观层面
战略、使命、目标、设计	沟通与关系规范、人际影响网络、社交模式	全球/国家/区域的关系趋势、职业规范、群体规范、技术趋势、环境–社会政治运动

文化结构与文化实践之间的关键区别在于，文化实践是每天实时的践行和体验。我们可以从一个组织如何制定战略、目标以及绩效衡量等方面看到文化的实际作用。在技术文化层面，一个组织可以选择适应当前的市场需求、竞争对手的行动以及宏观文化趋势（例如，朝着可持续或多元化、公平与包容方向发展）。相比之下，一个公司的社会文化规范可能更具黏性。人们不会轻易且迅速地以新方式调整彼此间的关系。人类的社交互动技能和模式，不会因为要应对当下财务业绩或战略机遇而改变。

群体的社会文化变革是一个缓慢的过程。即使技术带来了巨大影响，改变我们的社会文化所需的时间也比改变技术文化要长（请想想看，我们从有线电话和前台接待员迅速发展到语音信箱、智能手机、社交媒体等现代通信系统，技术变化有多快）。然而，更广泛的宏观文化趋势有助于推动社会文化的转变。理解"文化结构的实践"的关键在于，我们要留意这种宏观文化的变化如何影响技术文化和社会文化，以及技术文化的变化与社会文化实践是否一致，甚至是否与宏观文化趋势相冲突。

例如，在新冠疫情初期的居家办公阶段过后，许多公司都要求员工"重返办公室"。在疫情初期，我们累积了共同的经验，其中包括因形势需要而迅速适应视频会议和远程会议。随着公司重新调整预算以进行有针对性的技术升级，并发放补贴以应对公用事业和电信费用从办公室向家庭转移的情况，我们感受到了技术文化的巨大变化。公司面对因居家办公要求和生产设施关闭而导致的急剧但短暂的市场低迷，其战略和目标也做出了相应调整。

在此期间，我们的社交文化也迅速改变，因为我们学会了通过视频会议进行互动的新方式。我们引入了参与机制，以及关于人员的在场状态和专注度的新规范（例如，公司规定，在视频会议期间，参会者不能关闭摄像头或麦克风），并且所有员工都需要适应这些新情况。

在这段时期，公司文化的一些人造器物也更加清晰地显现出来，其中一些惯例此后被规范化，如今已经成为公司组织架构中显而易见的要素。在此背景下，公司文化人造器物具体表现的一个例子是，人们对视频会议背景的选择有了标准。一些公司规定要符合专业标准——不能再有糟糕的光线、没整理的床铺，或者出现可爱但干扰视线的宠物，而另一些公司可能放宽了之前的规定。在一些组织中出现的另一个文化表现是，工作安排变成了连续 8 小时甚至 10 小时，每小时一场视频会议，这使得个人休息和放松的时间比正常在办公室工作的一天还要少！

这其中的一些人造器物在技术文化实践和社会文化实践中引发了反应。如果我们退一步观察疫情的影响，就能看到文化实践中的变化是如何在相对较短的时间内转化为文化结构的。其中一个变化涉及新的、深层次的潜在假设，即保证安全、不传播病毒很重要，因此人们有权或有义务居家办公以避免感染同事。然而，与此同时，在技术文化实践中，察觉到生产力下降的领导者和管理者可能将其归咎于居家办公，从而要求员工重返办公室。审视文化结构与文化实践之间的差距、潜在假设与新意图之间的差距，以及领导者对技术文化的担忧大于对社会文化的担忧，能帮助我们更准确地理解那种模糊却真切的"公司存在文化问题"的感觉背后的原因。

任何组织的历史都会揭示出文化结构与文化实践之间存在的差距和不一致之处，这种不完美是不可避免的。我们强调这一表述是因为我们认为，谦逊领导者需要察觉、理解并适应追求更新更好的文化环境。如果谦逊领导者的新意图和新实践，与团队现有的潜在假设、所宣扬的价值观以及文化表现差距过大，那么这些"我们一直以来都是这样做事情"的传统惯例，就会阻碍团队朝着更新更好的方向推进变革。因此，在一个由众多亚文化构成的动态环境中，谦逊领导者需要基于文化演变的现实模型来开展工作，这一点非常重要。

文化变革的动力

对于变革过程持一种更具适应性、迭代性和灵活性的观点，必然是谦逊领导思维模式的一部分。我们提出了一个具有启发性的比喻，用以说明领导力、文化和变革之间是如何相互作用以产生积极成果的。我们的比喻是，风和海浪在代表"文化"的海滩上共同作用。

请想象一下，你站在沙滩上，看着海浪涌起拍打沙滩。现在，我们一起做一个象征性的联想：海水，也就是海洋，象征着人类的各种行动，它们如潮水般涨落，与过去互动留下的"沉积物"即"文化"。沙滩象征着文化，表面松散柔软，越往下越沉积紧实。我们感受到的风有两种：向岸风，从海洋吹向海岸，我们可以将其视为推动人类变革的顺风；

离岸风,从海岸吹向海洋,这是人类力量抗拒变革的逆风。在组织变革中,各种风的影响代表着推动或限制领导行动的自然力量与技术力量。沙滩则代表着过去的风与水相互作用累积下来的残留物。

我们可以把领导力比作一个海浪或一组海浪。海浪的能量由风、潮汐及其他力量产生,最初在较深的水域以涌浪形式传播,这是一种由某些现有或历史力量推动的平缓运动。最终,涌浪靠近陆地,此时正常水流可能会受到某种方式的干扰,形成我们现在所说的涌起的浪头。我们把涌起的浪头看作带着创造变革意图而行动的领导力。海浪如何涌起和破碎,受到多种新力量组合的影响,其中主要是领导者想要实现更新更好的目标的意图,以及新举措所遭遇的阻力。

当海浪冲刷沙滩时,变革就发生了。首先,海浪冲击沙滩(这象征着领导者推动和实施变革,为组织带来搅动),然后海水回流(这是组织对这种搅动的反应)。有时,回流看起来像是试图恢复平衡,它也可能为后续涌起的海浪提供能量。在所有情况下,海水的运动模式都会适应水、沙滩或海岸、风以及地面的其他条件带来的力量。流回海浪中以恢复其能量的水(持续变革),与反复涌起的海浪(持续的领导力)形成了一个反馈循环。当你研究海浪时会发现,领导力海浪的涌起与由此产生的变化之间的反馈和迭代是一种流动的，而非线性的因果模式。这种每个海浪冲刷和回流的持续流动，尽管看起来与之前的情况相似，却会对沙滩或海岸产生新的影响，这可能需要多次迭代。

文化就像海滩，它为海浪涌起创造了条件（即领导力产生的条件），同时也让我们得以想象文化结构的模样。在各种"风"的推动下，领导力的实践逐渐影响着文化结构（沙滩或海岸的轮廓）。我们如果想要看到这种变化，可能需要观察几次海浪破碎的过程。即使肉眼无法察觉，我们也知道沙滩的轮廓始终在变化，组织文化也会随着上述各种力量的持续相互作用而改变。文化（沙滩）既是阻碍变革的摩擦力，也是一种加速力，塑造着组织对领导力和变革周期的渐进式回应。

接下来，我们建议进行的象征性联想是，风的方向和强度代表着自然力量（环境，即沙滩所处的宏观文化）以及人类的推动力。考虑到这一点，海浪的形状、波峰与回流的关系，以及波长与频率的关系，都与风向直接相关。同样，我们可以把它们比作人类的推动力、意图和阻力。向岸风是顺风，代表着领导力的维度；离岸风是逆风，代表着阻力的维度。文化变革既反映了领导力，也反映了阻力。

变革的逆风与顺风

海滩这一比喻有助于我们理解，文化或许比其他任何因素都更能影响变革的种种努力，同时也受到这些努力的影响。文化的某些方面可能对变革起到推动作用，而另一些方面则可能产生阻碍作用。我们在上文中提出的框架提供了一套术语，有助于我们剖析变革努力何时以及如何取得成功，又在何时遭遇失败。

当变革努力遭遇意外阻力时，我们既要了解逆风从何而来，也要明白沙滩的哪些特征代表了过去海浪与沙滩相互作用所形成的惯例。由此，我们才能思考谦逊领导者可能会提出何种应对之策。在这种情况下，谦逊情境力对于弄清楚实际情况以及领导者意图中的哪些元素与组织现有文化不匹配至关重要，这种不匹配可能会导致组织抵制变革。此外，秉持谦逊情境力的谦逊领导者能够聚焦于"沙滩"的历史，即哪些已经或可能发生改变，哪些可能需要更长时间才能改变，以及哪些可能不太会改变。谦逊领导者摒弃线性变革模式和不切实际的变革成功标准，**将变革培育为一个持续的过程，而不是一次性的成败**。

在接下来的第一个案例中，变革遭到了根深蒂固的技术文化的抵制，这种技术文化对与之不同的社会文化暗含漠视，虽然高层领导者宣称要追求更新更好的事物，但他们却认为这种社会文化无关紧要。

案例 6.1　根深蒂固的等级制度如何破坏 2 级关系：布莱恩的故事

谦逊领导力的潜力无处不在，但却没有得到足够的激发。谦逊领导力常常因为组织关系退回或停滞于 1 级关系而受到抑制，或者因组织的"逆风"而受挫。当首席执行官或高层领导者为应对不断变化的社会规范（尤其是在组织基层，那里年轻人居多），选择优先遵循技术文化惯例而非改善社会文化时，就可能导致处于 2 级关系的管理者主动离职，甚至被解雇。正如下面的例子所示，当组织阻碍了人才培养的努力而让人才白白流失时，实在令人惋惜。

布莱恩（化名）是一名刚毕业几年的大学生，拥有顶尖院校的工程学位。他参加了一家跨国食品公司为期一年、享有盛誉的轮岗管理培训项目。在培训课程中，他表现出色，因此获得了一个令人羡慕的首个工作任务：在一家大型制造工厂管理一条包装生产线。

这家全球食品公司在营销方面积极进取,采用分散式生产模式,旗下众多品牌在全球范围内销售,产品则在主要区域市场附近生产和包装。布莱恩所在的工厂位于美国中部,该工厂的领导团队拥有很大的自主权,但同时也面临着来自总部的巨大压力,需要维持严格的生产效率和质量标准。因此,布莱恩的上司对他要求极为严格,督促他在严苛的产量范围内完成工作。

布莱恩的下属大多是高中文化程度、加入了工会的男性员工。入职头几周,布莱恩就与他们建立起了开放且相互信任的关系。前一年的管理培训让他深知与工厂工人建立良好关系的重要性,而他的个性也有助于营造轻松友好的相处氛围。尽管存在潜在的尴尬处境:布莱恩的职位高于团队成员,而成员们对业务的经验和了解又远超于他,但布莱恩迅速适应了生产线的社交文化与同事们建立起了 2 级关系并彼此鼓励。

布莱恩面临的挑战并非来自员工,而是生产线上的机械设备。布莱恩评估后认为,这些设备设计欠佳,一旦发生故障就很难找到维修方法。这台不可靠的生产设备成了"房间里的大象",在他与工会一线工人团队以及他的上司之间制造了紧张关系。

当我们问布莱恩,如果出现问题,下属是否会向他汇报时,他回答道:"那是肯定的。我们一直保持沟通,竭尽全力找出解决办法。我真的很了解这些伙计;我清楚他们和工会之间的所有问题,我们齐心协力,尽可能保持高产量和高质量。"

耐人寻味的是,后来我们再问布莱恩,当设备出现故障或进度延误时,他是否会告知上司。他说:"绝对不会。他只想听到一切顺利,我们按计划推进;一旦出问题,他只会心烦意乱,还总想知道该怪谁。我们这儿故障频发,是因为包装机不太可靠。很多故障,我和经验丰富的团队都不太懂怎么解决。公司真的应该更换机器,但我的上司根本不想听到这些!"

布莱恩与一线工人建立了开放信任的关系,但他发现自己与直属上司以及更高层的领导之间,即使没有敌对,也是处于一种职业距离感很强且充满竞争的关系中。他无法让上司明白,问题出在机器上,而非操作人员身上。久而久之,布莱恩开始意识到,也许上司根本不在乎,或者上司觉得指责工人比承认有必要升级机器更为省事。

我们该如何解释这种在两个组织层级之间出现的不对称关系呢?高层管理者是否在按照传统的等级模式运作,有意强化1级社会文化,声称高层管理者与低技能体力劳动者之

第 6 章 谦逊领导力中的文化动力

间保持职业距离，对于维持管理层权威、确保工厂高效运转是必要的呢？相比之下，布莱恩与团队自然而然建立起来的关系，更像是平级之间的关系，而非上司与下属的关系（有意强化 1 级社会文化），而这正是团队实现高产出的原因所在！

布莱恩认识到，在他之上的整个等级体系中，基于职责、围绕考核指标与生产目标建立起来的人际关系更为疏远。据他观察，他的上司不愿优先解决机器故障问题，也丝毫不会体谅团队为维持机器运转所付出的努力。布莱恩有些无奈地意识到，即使跳槽到类似的制造企业，情况可能也差不多，依旧会遵循同样的等级模式。于是，他决定去相关领域攻读研究生，期待在不同类型的组织中有机会从事不一样的工作。布莱恩一针见血地说："在这个组织里，我找不到任何榜样；我不想成为我上司那样的人。"

布莱恩在从事这份工作九个月后递交了辞呈，去攻读工程学硕士学位，希望未来能进入一个更有趣、更具前瞻性的组织。公司花了一整年时间培训布莱恩，最终却失去了这位极具潜力的经理人，这都是其僵化的、以考核为导向、以成本和进度为中心的体系所致。那些加入工会的工人们已经学会忍受这种体制，但布莱恩很快就对这份起初看似理想的工作失去了兴趣。布莱恩已经尽了最大努力，他很自然地融入了生产线的社交文化，并且在力所能及的情况下践行谦逊领导力，但他却遭遇了来自高层技术文化的强大阻力。他在与直接下属的相处中取得了成功，但他的上级领导者们却奉行1级交易关系，优先考虑的是达到技术指标而不是了解实际情况。

经验教训：当高层领导停留在1级关系时

这个故事的一个重要启示是，受现有惯例的驱动，组织的不同层级可能会优先考虑不同的意图。对布莱恩而言，他所在团队的运作方式与上司所看重的管理方式存在严重分歧，这形成了一种阻力，事实证明，这种阻力阻止了实现积极的变革（在此案例中，这种变革仅仅是购置新的包装机械这样简单的事）。在布莱恩讲述的故事中，最能说明问题的一点是，他在公司中看不到任何值得效仿的榜样。

另一个重要的启示是，即使布莱恩觉得可以放心地告知上司机器故障频发的根源在于技术问题，他的话还是被无视了。想想这有多么荒谬，布莱恩当初就是凭借工程方面的才能被录用的。如果一个组织不能倾听并对所听到的内容做出恰当反应，那么营造鼓励人们畅所欲言的氛围就没有什么价值。我们认为这种听不进意见、无法做出改变的情况，与基于职责的1级交易关系有关。用我们之前关于风的比喻来概括：在布莱恩的案例中，以高层领导者的 1 级冷漠态度为特征的技术文化，对布莱恩及其团队带来的顺风般的变革提议无动于衷。高层管理者也看不到作为生产线经理的布莱恩与一线工人之间成功发展起来的 2 级社交文化的益处。

案例 6.2　透明管理与意外后果：BCS 公司的故事

这是一家硅谷初创公司的故事，它经过 5 年的拼搏，最终还是倒闭了（案例基于真实情况改编，为便于阐述进行了整合并隐去了真实信息）。这类故事并不罕见，这家公司资金充裕、声誉良好、运营有序，充满活力与激情，拥有突破性技术和经验丰富的人才。它的典型问题在于，它最终未能通过适应与创新实现可持续的独立发展与繁荣。

透明管理

商业通信系统公司（简称 BCS）是一家为中型企业提供增强通信技术的公司。该公司由科技行业经验丰富的工程师创立，他们懂得如何开发新的解决方案。为了基于这种新颖的解决方案创办一家企业，他们聘请了一位经验丰富的首席执行官，他曾经成功地创办了几家科技初创企业。这位首席执行官又引入了另一位经验丰富的销售和营销主管,从而组建了高管团队。

公司创始产品设计师与外聘的职业经理人都秉持着客观公正且透明的管理理念。他们过往在大型公司的经历中,见多了各种阴谋诡计与"公司政治",因此他们希望向员工和董事会展现诚实与正直的价值观。透明管理的核心是一套基于指标的管理系统。他们决定,所有职能部门负责人都要明确各自的关键指标,围绕这些指标开展管理工作、接受上级管理,并依据这些指标的达成情况获得绩效评价(通过或不通过)。相关数据会通过挂在墙上的平板显示屏向全公司展示,它如同实时脉搏一般,将公司业务情况完全公开呈现出来。

员工们认为这种管理方式是公平的,也没有理由怀疑或质疑高管团队设定的发展方向。透明管理是建立管理链条上下游信任的基础。在 BCS 公司,这种精心设计的透明管理与坦诚文化做得非常好。当你走进那间摆满桌子和工作站,从客服到工程、营销及高管等各部门人员都共处一室的大房间,就能看到墙上的屏幕显示着业务表现的实时指标。公司每个月会安排几次午餐会,通常是在当地最受欢迎的比萨店。大家利用"全员参与"的机会坦诚讨论公司各项工作的进展,需要关注什么、谁被雇用了、谁的生日快到了,所有的事情都保持透明。

此外，高级管理人员会精心挑选各部门的员工轮流参加午餐会，这是一种保持联系、增进了解和分享信息的方式。对当时加入 BCS 的任何人来说，开放和透明显然是公司所倡导的价值观。BCS 的员工很感激高管们在日常工作中的参与。当大家聚在一起时——从新入职员工到首席执行官——他们觉得可以开诚布公地谈论自己的得与失、成功与失败。BCS 的社交文化自由融洽，在很大程度上反映了创始成员之间的紧密关系和开放的工作环境，强化了这种明显的非等级流动性。

大约在公司成立的第二或第三年，BCS 公司进入了发展瓶颈期。尽管公司秉持透明管理原则，但产品团队与销售团队之间出现了一些脱节。数据清晰地显示出谁完成了目标，谁没有完成，因此，那位引入数据导向的管理模式的首席执行官，面临着艰难的抉择。

重要的决定

在与董事会其他成员及公司创始人商议后，首席执行官做出了一个重要决定：根据绩效数据，解雇了一位创始产品设计师，因为他未能将产品线推进到预期水平。首席执行官希望这一重要人事变动能够加快新产品推出的速度，并向整个公司表明，当数据指标显示有必要采取行动时，公司就会做出果断决策。这是一次必要的技术文化调整，通过人员调整和组织设计来提高效率与产品交付能力。这对首席执行官和其他所有人来说都是一个艰难的决策，也给公司带来了一定冲击，但这是绩效数据所指示的行动方向。这是在这种技术文化氛围下，无法回避事实——事实就是如此。

大约一年后，BCS公司严重亏损，被出售给了一家规模更大的公司，且裁员幅度超过50%。首席执行官和其他高管认为，他们已采取了所有正确举措来筑牢根基——围绕达成各项指标以及保持透明管理来传播核心价值观，而且公司此前看起来是一家非常稳健的现代化公司。那么，究竟是哪里出了问题呢？

在公司被出售一两年后，BCS公司的一位资深员工指出："当那名创始产品设计师被解雇后，一切都变了。"这种长期影响是一个意想不到的后果，以大量重要的2级关系和信任为特征的灵活协作的社会文化，被基于交易的、只看数据的管理方式所替代。首席执行官的这一风险决策，低估了采取突然的权威行动所造成的破坏性，引发了员工们隐藏的恐惧情绪。由此产生的社会文化不再是灵活的、开放和充满信任的。这一举措明显带有交易性质，暗中将经过算计的决断力（以及风险）置于处理挑战时更强调全人关系的 2 级关系之上。它对社交文化的影响是令人寒心的，而非赋能的。

经验教训：当透明管理成为一种手段而非工具之时

许多管理者、领导者和理论家都强调了组织透明管理的重要性，同时也承认，让各种工作相关信息和财务信息公开是一件知易行难的事情。这也是我们坚使用"开放性"这一概念的原因，我们强调沟通的内容和方式是一个积极分享、披露、倾听、理解和回应的过程，而不是消极展现问题的过程。除非组织有意建立起对某些信息的过滤准则，否则，透明管理可能变成是一个不分轻重缓急散布各种信息的消极过程。我们知道，人们其实很少希望知道所有的事情。组织中的开放性是指对完成工作所需的重要内容的选择性开放，而不是对所有事情的开放。

BCS 公司的 CEO 和其他高管都曾试图建立充满信任的 2 级关系。但在其中一位创始产品设计师被解雇后，基于绩效信息的透明共享和行动所体现的价值观，却反映出不同的基本假设，公司实际上更倾向于强硬、个人主义、机械主义、实用主义、交易型的领导力（1 级关系）。在这种情况下，开放和透明与公司对个人的潜在假设高度一致，即认为每个人都要实现最佳表现、自我进化、在平等的基础上（使用同样的共享信息）竞争，并接受对其行为和结果的"公开"考核。

这些关于个人主义、实用主义和交易关系的深层假设是否阻碍了他们继续建立能够缓解恐惧根源的2级关系呢？信任对于技术文化和社会文化而言，是否只是一种"锦上添花"，而非内在价值呢？缺乏信任的透明管理，或许能在一段时间内让员工保持投入和积极性，甚至可能带来很高的生产力。然而，一些领导者可能会暗中鼓励那种充满政治权谋、背后捅刀、隐藏信息、欺骗同行以求得领先的氛围，将其视为高速增长型公司的必备手段。然而从长远来看，当透明管理更多地被用作控制手段而非沟通（开放性）手段时，随着那些理想破灭的人才离职、错误的技能和绩效得到推崇，以及应对市场变化的创造性调整在政治上引发争论，公司可能会走向混乱无序。组织的内在开放和信任，以及组织的2级关系，是比带来普遍恐惧的、交易型的1级关系更具适应性和持久性的组织基础。

我们相信，不管团队规模多大，当团队成员在心理上感到安全，可以相互开放地交流时，团队会表现得更好。无论我们给BCS公司贴上组织内部充满恐惧气氛的标签，还是缺乏心理安全的标签，这类标签都损害了团队的协作精神，破坏了开放性，并抑制了公司的变革能力。从短期来看，保护员工的心理安全感可能使产品开发和进入市场的速度变慢，但从长期来看，它可能会提升组织的韧性和独立性。

一种常见的模式

在上述案例中，布莱恩的故事和BCS公司的兴衰存在一个共同模式：传统价值观更看重运营效率和基于指标的领导力，而非协作的效能，即使像BCS这样倡导灵活开放社会文化的年轻公司也是如此。他们有开放与互信的意愿，但在决策时起关键作用的还是那股追求运营效率的"逆风"。

技术文化与社会文化的力量对个体层面的影响是动态变化的。正如我们的"沙滩比喻"所强调的，创造变革、做新颖且更好的事情，很少是线性发展的。BCS公司的案例就体现了这种非线性进步的理念。BCS公司重视动态、响应迅速、灵活沟通的社会文化，却产生了一个令人遗憾的副作用：工程师们常常觉得，每一天的每一分钟都在被各种打扰打断，以至于很难完成个人的编程工作。在完全开放式的办公布局下，即使是资深工程师，也很少能抵抗持续不断的视觉或听觉的干扰。为解决这个问题，公司想出了一种"请勿打扰"的信号机制，以减少持续不断的打扰。那些需要"闭门工作"的人，可以在显示器或键盘旁边放一个小型橙色警示锥，表明自己不希望被打扰。这是个巧妙的办法，但却常常被忽视了。社会文化的变革太难，无法通过这么直接简单的办法实现。当然，这个办法也确实有效地让大家更广泛地意识到频繁打扰的危害。从这个角度来说，社会文化所需的变革，实际上正通过这一小步（或一个小海浪）向前推进。

谦逊领导力面临的一个挑战是要弄清楚哪些技术文化是需要加以利用的顺风，哪些是阻碍获得更新更好的成果的逆风。哪些传统价值观（即所倡导的价值观和潜在假设）与创造更新更好事物的意图相符或相悖？哪些宏观文化趋势是可以加以利用的顺风？谦逊领导力本质上是一种文化变革的领导力，以持续的浪潮和反馈循环推进组织变革，在那些以心理安全感、开放性和信任为特征的适应性强和灵活的组织中（即组织上下层级及跨部门之间是2级关系），变革会加速推进。

总　　结

在本章中，我们试图阐明谦逊领导力和2级关系是如何在组织的各个部分得以实现的，同时说明了这些有目的的创新可能会与既定惯例发生冲突。然而，由于传统管理文化往往严重依赖孤胆英雄模式或线性机器模型，我们也看到许多变革举措最终又退回到1级交易型行为的例子。颇具讽刺意味的是，当组织越来越普遍地面临混乱、复杂的问题，生存的压力越来越大时，就越需要2级关系和谦逊领导力发挥关键作用——这些问题可能促使领导者转向谦逊领导力，以期增强组织的"洞察"能力和适应能力，从而实现生存与发展。

讨论题

- 请想想你经常见到的组织中那些显而易见的人造器物（文化表征）。你会立刻注意到什么，你能从这些方面推断出该组织的文化元素是什么？
- 你知道有哪些组织会在公共区域张贴"我们的价值观"？如果知道，你所观察到的它们的具体表现与这些所宣扬的价值观一致吗？
- 如果你注意到一家组织的具体表现与其宣扬的价值观之间存在不一致，你推断出这家组织实际运作的潜在假设和惯例是什么？

第 7 章

预见谦逊领导力的未来

展望未来,我们必须明确,谦逊领导力的一个关键环节在于积极做好文化管理工作。我们要充分认识到文化层面的助力与阻力,看清各种惯例如何阻碍我们做更新更好的事情,同时了解当下的社会组织形式,判断其对推动变革是助力还是阻力。即便考虑到上述所有因素,仍有一项工作尚未涉及,那就是关于未来的积极文化情景规划。

在技术文化层面,我们一直在进行情景规划。在资源规划中,我们会预测人口结构和宏观经济趋势,尝试预测技术变革和政治变化,还会密切关注气候变化的动态。但问题在于,在做文化对我们未来的影响的相关规划时,我们是否具备同样的严谨态度,比如,那些可能阻碍或推动我们追求更新更好的事物的大规模趋势。我们是否应该像关注技术和宏观经济的未来那样,在宏观文化的未来发展方面投入同样多的精力呢？为了更好地回答这个问题，让我们在宏观文化概念中再增加一个维度：元文化。宏观文化是我们组织的社会文化和技术文化"践行"的广泛环境，而元文化则由我们有一定把握预测的和未来终会对我们组织产生影响的文化趋势构成。

文化场景规划听起来可能是一个困难的过程，在本质上，它试图预测模糊且难以捉摸的事物。对此，我们只能奉上科幻作家威廉·吉布森富有鼓励之意的隐喻：**"未来已来，只是分布不均"**（Gibson，2003）。各种趋势已经存在，我们只需花些时间去观察和倾听。无论我们是使用"元文化"这个术语，还是称其为"未来文化"，我们都需要增强谦逊情境力，从而看到新兴的文化趋势虽然分布不均，但它会影响宏观文化、社会文化和技术文化，因此，它是谦逊领导力分析框架的一部分。请思考以下这个假设的例子，这展示了一个团队在元文化"头脑风暴"或创意构思会议中可能产生的成果类型：

在不久的将来可能影响企业发展的趋势：全球社会联系；气候正义；社会正义；设计思维；扁平化组织设计；零工经济；"大辞职"现象；自我管理的团队；生活与工作的融合……

这样的清单可以不断列下去。正如每一个试图推动变革的文化背景都有其独特性，每一项谦逊领导力倡议都有其自身独特的元文化维度需要关注和挖掘。在元文化头脑风暴过程中会涌现出新的主题，其中许多主题可能会成为文化情景规划工作中的中心议题。目前，我们在上述头脑风暴示例的基础上，提出更多的我们认为谦逊领导者需要留意的主题。如果这些主题所遵循的方向与更强劲的元文化趋势（逆风）并不相悖，那么它们或许能成为顺风。

1、情境重于内容：谦逊领导力如果更注重情境与过程，相应减少对内容与专业知识的关注，将会更加成功。

在探讨领导力的未来时，人们一开始都会对人工智能（AI）所带来的影响感到担忧，这并不奇怪。我们和许多人一样，预计很多的经济领域、整个的产业部门以及重要的工作类别，都将被那些能够"思考"、做出决策并指导工作的分布式微处理器集群永久性地改变或淘汰。毫无疑问，某些类型的工作会比其他工作更容易受到冲击。总体而言，我们认为事务性工作（如资本市场交易）能从人工智能中获益良多，以至于"交易员"这一角色就可能被 AI 替代。

如果我们的判断是正确的，即事务性工作可能更容易被人工智能替代，那么，我们的挑战在于重新定义这些脆弱的工作角色，以便帮助人们建立起人性化的、基于情境的、有韧性的 2 级关系，而不是从事内容操作和事务性管理。

在人工智能增强的未来，我们还从另一个角度看到了谦逊领导力的重要性。人们会认为自己所掌握的知识的价值不如以往。当任何人都能获取相同的信息，且开展新的工作更多取决于组织内的执行流程，而非信息匮乏或专业知识差距时，作为富有远见的专家型领导者的优势就会逐渐减弱。如果每个人都知道或者能够知道相关知识，那么领导者就不再是唯一的专家，他们只是众人中的一员，或者说是"云端"群体中的一分子。

这种"扁平化"在一定程度上是由于人工智能的无处不在，以及那些受过训练能够利用人工智能的人的技能。基于无限处理能力（近乎无限的云计算能力和存储能力）构建的神经网络，将显得越来越"智能"。我们大多数人都体验过搜索引擎近乎完美地精准预测、积累、定制和生动呈现我们搜索的概念的能力。谦逊领导者将会意识到，仅仅获取和传播信息，在维持命令与控制的等级制度方面，可能已经不再有效。

即使在今天，人们快速调用和处理数据库，立刻对问题给出近乎完整的答案的速度，已经令人惊愕不已，尤其是当数据库访问权限掌握在"数字原住民"手中时更是如此，他们在上小学前就开始学习在线搜索。一二十年之后，接受过数据科学训练、精通最新一代查询语言，且配备功能更强大的联网设备的员工，相较于年长的学习者，将拥有显著的信息吸收优势。心理学家、经济学家丹尼尔·卡尼曼（Kahneman，2011）所观察到的现象，可能会进一步拉大这一差距：年长的"专家"往往会对自己认为知晓和学到的东西过度自信，不太愿意承认自身的无知，也不愿承认自己还有待学习的内容。另一方面，年轻、好奇且借助人工智能辅助的数字学习者，能迅速构建起一套更广泛、更具模糊性的知识体系，这套知识体系即使并没有更具针对性，也会比年长的、受限于经验的"专家"所掌握的更深入但范围有限的知识，具备更强的适应性。描述这种更广泛的元文化趋势的一种简单方式是，年轻员工虽然经验不足，但在某些信息收集方面，可能远比年长的同事更加精明。谦逊领导者要挖掘这种年龄多元的社会背景，以扩充和传播相关信息，从而做出最优的决策。

畅销书作家托马斯·弗里德曼在《谢谢你迟到》一书中指出，我们日常所体验的人工智能实际上是"IA"，即"智能辅助（intelligent assistance）"（Friedman，2016）。这是一个重要的框架，它提醒我们，一般而言，自动化并不意味着人类工作的终结，只是意味着工作内容有所不同，而且工作可能会得到改善。谦逊领导力可以基于智能辅助这一理念，提升人类处理如何在特定情境及复杂任务中应用信息的能力。众所周知，我们获取的信息越多，就会发现越多需要更多阐释性信息来填补的空白，这种模式往往会导致"分析瘫痪"。谦逊领导力有助于协调团队的意义建构过程，营造完全开放对话的环境，并选择合适的决策流程。虽然人工智能在找出已知的未知方面可能非常高效，但只有在 2 级关系中，即我们通过分享、感知和反思彼此的反应，共同在不确定性中摸索前行时，谦逊领导力才能提供应对未知的未知所需的韧性。

2、谦逊领导力必须应对部落主义（文化冲突），并建立不受无意识偏见束缚的关系。

在我们撰写本书的时候，政治、社会人口结构以及经济领域的两极分化程度高得令人难以置信，自 2018 年本书第一版出版以来，这种分化愈发严重。我们写作的地点在美国硅谷，在这里，无论创新型企业规模大小，其性别歧视和性骚扰现象都极为普遍，考虑到在此时此地众多年轻企业在其他方面都表现得非常的积极进取，这种情况实在令人震惊。我们无意要为这些关乎生存的深层次问题提出全新的解决方案，只是想要提出一个观点：谦逊领导力是建立在全人关系之上的，这些人能够超越或绕过自身无意识的偏见。从定义上讲，在存在偏见、歧视、排斥和骚扰的环境中，几乎不可能发展出有效的2级关系。

未来几年，谦逊领导力面临的挑战将是如何将年轻一代所秉持的更包容的态度，转化为打造更高效的、分布于全球的团队的动力。

即使从整体上来看，明显的隔离与排斥现象在减少，但我们仍需关注存在于大型组织中的团队、小组及部门之间的无意识偏见。谦逊领导者需要找到克服这些偏见，尤其是克服自身的偏见的方法，因为当偏见妨碍他们建立信任与开放氛围的能力时，便无法建立起真正的2级关系。如果无意识偏见使领导者无法将员工、董事会成员、利益相关者等视为完整的个体，那么他们的影响力将受到限制，他们可能会被其他那些已经学会突破自身偏见，并与各种各样的全人建立2级关系的领导者所取代。

3、谦逊领导力必须与滥用权力的行为做斗争。

领导力几乎总是意味着运用某种形式的权力来推动更新更好的事情发生。我们必须警惕权力的滥用，这一现象并不只存在于传统的严格等级制度中。新兴的谦逊领导者需要抵御认为自己优于周围人的诱惑，尤其是在领导者职位高于追随者的情况下。在一个重视发展速度的环境中，这种诱惑可能更大，领导者更有可能仓促采取权力行动。正如商业理论家杰弗瑞·菲佛在《权力》(Pfeffer, 2010)一书中指出的,权力滥用者往往会在短期内取得成功。组织心理学家亚当·格兰特在《沃顿商学院最受欢迎的思维课》(Give and Take, 2013)一书中写道,"索取者"(自私的权力滥用者)有时能在短期内获得成功,因为他们认为自己身处一场零和博弈,即一个人的收益必然以另一个人的损失为代价。

从长远来看,以自我为中心的权力滥用很少能成功,尽管现有组织中的个体的奖励制度往往更倾向于自私而非无私的行为。问题在于,一旦狂妄自大、特立独行者以及"英雄式"人物滥用权力,重视2级关系的继任者要重建开放与信任,往往需要花费更长的时间。正如组织心理学家罗伯特·萨顿所指出的:**不良行为的影响力是良好行为的五倍**(Sutton, 2007)。这意味着,如果一位谦逊领导者希望建立并维持最佳的工作关系,那么,体现相互信任与开放的积极领导行为,必须在数量上远远超过消极行为。由于职业距离感或冷漠,领导者可能相对容易对职位低于自己的同事表现出不良行为。然而,他要对已经建立起开放、信任的2级关系的同事表现出不良行为,就要困难得多。

我们在元文化中看到的种种迹象表明,个体越来越要求在工作场所得到更好的对待,我们发现谦逊领导力正好顺应了这一时代精神。谦逊领导力强调包容、尊重，以及全人关系的价值。因此，相较于静态的、交易型的组织关系中常见的那种冷漠甚至带有滥用权力色彩的权力动态，谦逊领导力代表着一种更好的发展方向。

4、谦逊领导力能够帮助团队以特定方式变得更加灵活、更具适应性、更强大且更协作，这有助于使领导方式更契合员工、利益相关者以及客户的需求。

近年来，定制化的趋势依旧强劲，所有产品皆按订单生产并直接交付给消费者。我们认为，"定制一切，杜绝浪费"在追求未来发展的组织员工心中，很可能依旧至关重要。个性化已成为人力资源部门的关键任务，因为其需要根据每位员工的个人需求和兴趣，精准定制福利和激励措施。总体而言，我们认为竞争很可能促使众多企业直接响应定制化产品和服务的需求，而要实现产品和服务的分销，就必须借助高效的沟通渠道来共享信息，并将本地市场决策直接传达给客户。在部门或产品层面，谦逊领导力是建立在畅通无阻的双向信息流基础之上的，具有内在的"自我管理"优势，能够满足各种各样定制产品和服务的需求。自我管理团队模式看似混乱无序，但在一些试图将VUCA（易变性、不确定性、复杂性和模糊性）转化为自身优势的行业中，这种模式已经发展起来。

在由定制化业务驱动的未来，擅长设计人际关系的领导力，可能会比专注于在严格定义的工作职责内维持秩序的领导力，更加有效。如果市场要求定制化，领导者的任务就是组建"高绩效团队"（Ricci & Weise，2011），该团队由具备相关专业技能的成员组成，他们之间关系良好且具备灵活性，能够实现定制化并持续做出调整。

5、谦逊领导力需要不断重新思考如何在全球移动化的世界中建立人际关系和工作团队。

在一个一切都朝着去中心化方向发展的世界里，受确定性束缚的集权式组织和专制型领导风格是难以取得成功的（Johansen，2017）。

我们认为，创新型组织最恰当的描述是"变形组织"（Johansen，2017）。在这类组织中，过时的"命令与隐瞒"式事务性交易行为没有市场，领导力将自然有机地产生，而非通过等级制度产生。等级制度仍会存在，但可能时隐时现。组织的活力将源自边缘地带，在那里，建立合作关系比"谁为谁工作"更为重要。在我们看来，2级关系的信任与开放将成为连接组织中从上到下的领导者与追随者的关键纽带。然而，如果领导者不持续与团队沟通并检验哪些内容能引起共鸣、哪些能够留存、哪些真正重要、哪些无关紧要，这一切便无法实现。

在群体动力学和会议管理培训中，这被称为"频繁检验目标共识"。在任何工作小组中，这就必须成为一个建立2级关系的重要流程，以便有人询问"咱们来确认一下大家是否达成了一致意见：我们究竟想要做什么？"在全球化、地域分散的组织中也是如此。全球移动网络从技术层面上使这成为可能，然而，领导力面临的挑战在于推动团队反思和团队的意义构建，这至少需要跨越语言和文化界限以达成共同理解。

6、随着组织在全球范围内的分布更为广泛，谦逊领导力既要做到亲临现场，也要在虚拟环境中存在。

无论是现在还是将来，谦逊领导者可能需要做出的最具影响力的决策之一，就是明确在多大程度上需要亲临现场，与组织内的直接下属及关键贡献者建立并维持2级关系。即使在"变形组织"中，情况也是如此：高层领导者需要花时间亲自深入组织的边缘地带。

新冠疫情和2020年春季全球范围内的居家隔离指令，即使没有让人们完全接受线上会议，也至少促使人们对其高度容忍。我们看到，各种各样的、规模不同的众多公司都非常出色地适应了这一巨大变化。这种情况为我们提供了一个有趣的晴雨表，用以观察人们对不同程度的"混合"办公模式（即部分时间在家办公，部分时间在办公室办公）的容忍程度。在数月之后，疫情疲劳和社交需求引发对全部在线办公的"反弹"，人们吵嚷着要回到办公室，这并不令人意外。一家公司最终选择何种程度的混合办公，可能像其社交文化一样独具特色。从谦逊领导者的角度来看，最重要的是营造开放与信任的基础环境，鼓励员工与同事、下属、经理及领导者分享并相互学习，探讨哪种工作场景适合何种程度的混合办公。

我们认为，混合办公模式必须优化的一点是人们在初次会面时就要建立起信任与开放的氛围。我们依旧需要人与人之间的联结，那些在休息时刻，或是在饮水机旁、走廊里、午餐散步时、下班后的酒吧中，通过间隙闲聊所建立起来的联系。我们推测，在未来几十年，管理者花在亲自管理他人工作成果（指标）上的时间频率或强度将会下降，这进一步印证了我们的观点：谦逊领导者的关键技能之一是快速赢得人心——即在团队成员共处时，能够迅速建立起开放的沟通（这反过来也减轻了举行更频繁面对面聚会的压力，尤其是在远程协作更为高效的情况下）。在理想状态下，谦逊领导者充分利用亲临现场的机会，更多是为了共创发展的动力，而非纠正沟通的失误。

第三部分　文化与谦逊领导力的未来
Humble Leadership

总　　结

在第 1 章中，我们提出了谦逊领导力面临的挑战，即在管理技术效率与优化社会协作之间找到恰当的平衡。这始终是一种权衡考量。然而，我们担心的是，相较于投资社会效能的提升（通过协作），人们更倾向于追求技术效率的管理，因为数字很吸引人，在做艰难决策时依靠硬指标也让人感觉更踏实。众多上市公司和民营企业的会计与报告系统，都鼓励对自动化系统进行投资，而任由"社会层面的事务"自生自灭。我们强调关注和了解技术文化与社会文化、宏观文化和元文化相关的实践，目的是帮助领导者实现转变，不再一味地微调考核指标及其完成目标，而是投资于社会协作流程，使技术文化、社会文化和宏观文化在追求更新更好的目标的过程中同频共振。

再次强调，我们并非建议停止对技术效率方面的人力投入，而是认为通过供应链、人力资源、会计与薪资、财务，以及"敏捷"产品开发等领域的自动化方案或增强智能的某种组合，可以使技术效率更自然地"自行提升"。

关注社会文化与技术文化的同频共振，能否带来一些新见解，为谦逊领导者推动这一转变提供助力？齐心协力梳理并明确元文化的影响将如何挑战社会文化和技术文化，能否为变革提供助力，或者预先察觉阻碍实现更新更好的目标的逆风？我们认为这两个问题的答案都是肯定的，前提是真心实意地运用谦逊情境力，使文化结构（传统思维）不会掩盖那些可能有助于或阻碍变革努力的实际做法。然而，通过在组织中最具影响力或"消息最灵通"的团队成员之间建立开放和信任的关系，来推动变革是必要的，但还不够。谦逊领导者必须描绘出一幅更新更好的发展愿景，要敏锐地关注未来趋势和即将发生的事情，而非仅仅关注当下。谦逊领导者的转变既体现在立足当下，也体现在展望未来之中。

讨论题

- 头脑风暴，请思考你需要关注的元文化趋势。哪些趋势让你兴奋，哪些又让你担忧？
- 现在，将这个练习应用于你当前的工作场景中。你的组织是否已为这个"未来已来，只是分布不均"的未来做好了准备？如果你发现了可能使你的组织面临风险的趋势，你可以采取哪些措施来应对？

第 8 章

谦逊领导力的启示

组织发展的历史中,有许多英雄式创新者的例子,他们提出了很多更新更好的想法。那些单枪匹马、特立独行、凭借非凡的自信与毅力不惜一切去冒险的形象,在我们过去的历史中一直是重要的传说。但如今我们的疑问是,这种高高在上、独自做决策的领导者模式,在未来是否依然有效。

在那些欣然接受 VUCA(易变性、不确定性、复杂性和模糊性)的创新驱动型行业中,我们认为,随着公司的成熟,那些孤立行事的"英雄式"领导者如果在做决策前不能收集全面的信息,最终必将遭受挫折。我们一直主张,在组织的任何层级,谦逊领导者的独特之处在于,他们具备发展最佳 2 级关系的才能,从而能够自然而然地获得做出更好决策所需的信息,实现又快又好的创新。

那些崇尚个人主义、竞争至上、认为命运尽在掌控的心态，会限制领导者应对易变性和不确定性的能力，因为没有任何个体能够处理海量数据，或将动态信息融入有效的战略之中。那些才华横溢、富有创造力、极具魅力的创新者将继续挺身而出，提出更新更好的想法。但在我们所预见的未来，最有效的领导智慧将更多地体现在"齐心协力"的合作框架中，而非"唯我独尊"的幻想里，尤其是随着组织的发展壮大和日益多元化，情况更是如此。

然而，即使领导者有"齐心协力"的心态，组织也不可避免地会经历多个阶段、反复调整、遭遇动荡、承受成长的阵痛以及扩张的过程。虽然重大技术进步，尤其是通信和企业软件领域的进步，已经助力组织应对规模扩大或缩小带来的技术挑战，但我们在人类系统方面是否也取得了同样的进展呢？当组织的需求迫使技术文化迅速转变时，我们能否同样轻松地调整社会文化呢？调整人与人之间的相处方式并非易事——这不是自动化的，还可能遭遇抵制——但这又让我们回到了谦逊领导力的基本挑战：在恰当的时间、恰当的地点，建立恰当的层级关系规范，以确保信息的最佳流动，我们做到这一点了吗？

为了说明建立在开放和信任基础上的信息流对于组织发展的重要性，我们讲一个故事。有一个组织，在创立之初就建立起了开放、信任与共情的根基，后来却最终退回至 -1 级关系。这个故事基于一个大型组织逐渐走向官僚化的真实经历。故事中组织的下行轨迹与处于谦逊领导力核心的关系层级恰好对应，这并非偶然。在这个故事中，公司的关系层级从 2.5 级逐步退至 -1 级。遗憾的是，我们发现这种滑向官僚化的倒退极为常见。

故事：一家初创企业如何沦落为官僚机构

请想象一下，你和另一个人在车库里创办了一家公司，你们拥有一款极具潜力的产品或服务，很有希望成为下一个爆款。你深知这是一个绝妙的创意，市场潜力巨大，而且你们拥有先发优势。没有什么能阻挡你和联合创始人投入大量时间，将这个概念转化为实际产品，并推向市场。

你和联合创始人"形影不离"，甚至能"默契地接住对方的话茬"。这种关系至少处于 2.5 级。在创建这家创新型公司的过程中，你们把大部分时间都花在了社会协作上，在管理技术效率方面投入的精力还很少。

现在，假设你的公司站稳了脚跟，开始发展壮大，需要不断创新以拓展产品线和服务线，员工数量增长以实现公司收入增长。在这个快速增长和扩张的阶段，你们显然需要高度的开放和信任——你和联合创始人不可能完成所有事情并做出所有决定，因此，你们需要共享信息、分配工作和委派任务。

然而，如果你不注重保持沟通渠道畅通和维持高度信任的状态，你们就无法实现高速成长。无论是初创企业还是成熟企业，通过有意识地在组织各个层面营造人心化的氛围而建立的2级关系，对企业成长至关重要。你们秉持着支持企业发展到当前增长阶段的社会协作价值观，同时开始界定一些技术指标，以随着企业的发展提升效率。

接下来，事情就变得棘手了。你和联合创始人取得了成功：你们把创意变成了一家拥有多种产品、多个部门的全球性企业。你们引入了各种职能领域的专家，他们懂得如何扩大企业的规模。你们还在欧洲、亚洲、南美洲等地聘请了总经理。如今，你经营着一个复杂的组织，手下有雄心勃勃且才华横溢的总经理们。

虽然公司的组织结构定义了职能部门负责人与区域负责人之间的衔接关系，但这些定义是围绕维持技术效率所需的角色和工作交接展开的。你会发现，原本希望顺畅交接工作的组织设计，却造成了部门壁垒，催生了零和竞争博弈，还导致了职场距离感。因为,各职能部门负责人和区域负责人都在争夺相对稀缺的资源,无论是季度预算还是人员编制。各部门都面临着完成业绩指标的压力,为了平衡已经倾向于优化各项指标,这导致花在创新上的时间减少了。毫无疑问,在这个时候,公司的主导关系模式已经变成了1级的交易关系。

你和联合创始人一致认为:"哇,我们从初创企业发展成了跨国企业,但同时也从合作关系走向了官僚化。"在这种情况下,你对公司内部领导者的最好期待是他们能够保持1级关系的职业距离,并希望可以预见的各自为政不会引发领导者之间的钩心斗角和相互欺骗。

接着,公司遭遇困境。不断收紧的衰退性商业周期以及艰难的一个季度迫使公司削减成本。关键领导者们面临巨大的压力,这种压力既来自你,也来自期待持续盈利增长的公众和市场。关键领导者们要如何恢复盈利增长呢?他们几乎没有时间关注员工的职业发展和员工敬业度,也没有时间尝试新颖的组织设计(如自我管理团队等)。你和管理团队都信奉"设计思维",但目前这只适用于新产品创意,而当下在勒紧裤腰带、大力降本增效的情况下,重点必须放在提高技术效率以恢复盈利上。遗憾的是,困境带来的必然影响之一就是裁员。你和联合创始人接受了职能部门负责和区域负责人的建议,即需要裁掉 10% 的员工。

不出所料,这在许多"熬过"裁员大潮的各层级员工中引发了不信任和恐惧情绪,他们深感自己必须出色表现,生怕公司下季度再来一轮裁员。这种恐惧尤其在中层管理人员中产生了不幸的副作用,那些面临直接提升运营指标压力的部门主管,利用了员工心理安全感的降低。公司中能为提升指标出力的员工减少了,每个人都觉得必须用更少的资源做更多的事,而且他们肯定不敢直言不讳或抱怨不公平和风险。

当你和联合创始人得知员工感觉自己被剥削、被忽视和不被倾听,并受到管理者的压制,你们虽然感到失望,但也并不意外。而这些管理者可能也会抱怨上司在剥削他们。从这个角度看,公司基于 2 级关系和社会协作实现的增长与扩张阶段,已让位于收缩阶段。在这家全球公司的某些部门中,−1 级关系主导一切,人们觉得这种关系"效率更高"。在这个公司短暂的发展历程中,创新与扩张最终带来了官僚化,以及追求指标和剥削关系的有害混合物。

好消息是,你和联合创始人已经看到了这种倒退正在发生,亡羊补牢未为晚矣,你们相信自己还有办法解决它!

第三部分 文化与谦逊领导力的未来
Humble Leadership

在这个故事中,两位创始人感受到了官僚化的强大引力。我们可以清晰地看到社会文化规范是如何一步步恶化的:从部门内部的相互关爱、积极分享和共情,转变为冷漠无情、彼此恶语相向,发展到1级关系的零和博弈竞争,最终在面临裁员危机时演变成-1级关系的不信任与反感。在公司的成长与扩张过程中,官僚行为(如内部竞争、隐瞒信息、为揽权而揽权)取代了合作与协同行为,而后者正是这家公司赖以建立的谦逊领导力基础。

这个故事中的创始人有一个解决这个问题的理论,他们认为解决问题的关键是要用共情取代相互反感。他们培养共情的方法之一是设立跨部门、跨职能的委员会,希望打通沟通渠道,防止出现阴谋诡计和欺骗行为。随着员工对社会协作重拾信心,创始人开始将决策权重新分配给那些对客户和市场了解最为透彻的组织成员。决策权不再是管理者的专属权力,而是一项共享的权力(谁要想拥有这项权力,就必须证明自己能够有效使用它)。预算权与决策权并存,谁拥有做出关键技术决策的权力,谁就拥有了用于测试和验证这些决策的预算。创始人相信,这将促使整个企业中那些雄心勃勃的管理者和谦逊领导者,在这家跨国企业的上下层级以及各个部门之间,建立起开放和信任的关系。创始人在向员工解释他们的理论时，**强调组织是一个有机体，需要相互协作、相互依赖，并根据市场导向高效分配资源以保持效率。**

这个故事中的创始人看到了重塑组织自我认知的价值，在于把一个运转良好却过度官僚化的"机器"转型为一个灵活应变、有机的、充满活力的组织系统。这种谦逊领导力的转变只有在整个组织从1级交易关系转变为2级协作关系的新运动中才能发展起来。对于那些已经陷入严重官僚化的组织而言，不能像小型的、尚未形成官僚作风的有机合作关系那样可以从零开始，而是需要启动社交流程来重建2级关系，虽然充满挑战，但从长远来看，这种努力终将获得回报。

总　　结

所有组织都会经历业务增长与市场接受度的起起落落，以及盈亏循环。这些力量会引发对有限资源的竞争。管理职位本身就代表着既定的预算分配——"我们还雇得起一位经理吗？"——在这种情况下，跨部门之间那种保持职业距离的关系似乎是合乎情理的（"只需适当套套近乎，以便下次重组时能将其他部门的人员收编过来"）。然而，这种对其他部门的竞争行为、冷漠态度与零和博弈行为一旦演变成欺诈，就会带来隐患。在短期内，组织退回到1级关系看似更高效，但从长远来看，这种退回即使不会造成破坏，其成效也会大打折扣。

组织成功的关键之一就是，领导者要像人体将血液输送到所需部位那样来动态地调配资源。谦逊领导者要"察言观色"——既了解局势，也洞察相关人员的状况，然后利用这些信息为公司指明方向，迈向更新更好的目标。谦逊领导者会拥抱环境的易变性，巩固并利用2级关系，确保在敏捷和开放的组织中共享完整的信息，使组织不断适应挑战并抓住机遇。

讨论题

当你思考这个故事时，它是否让你联想到自己所在组织中发生过的事情？你是否见过类似的官僚化现象，你是否有权力或意愿去改变它？如果有意识地在组织内部上下级与跨部门之间建立开放和信任的关系，会给组织带来哪些帮助？

第四部分
PART 4

谦逊领导者的体验式学习

在第 9 章 "秉持谦逊领导力态度"中,我们将着重让你了解自己洞察和理解周围情况的能力,特别是在你目前拥有的人际关系类型,以及未来要成为更高效的谦逊领导者可能需要的人际关系类型方面。

在第 10 章 "谦逊领导力的行为与团队技能"中,我们提供了一些练习,旨在帮助你将自己的领悟运用到实际工作中,改变你的谦逊领导行为。由于洞察和提出更新更好方案的人际关系的机会,常常出现在团队或小组会议中,因此,我们提供了一些最适合在团队环境中开展的练习,以促进个人学习和团队关系建设。

第 9 章

秉持谦逊领导力态度

卓有成效的谦逊领导力需要谦逊情境力和建立 2 级关系，尤其是在我们面临的问题已经具有 VUCA 特征（易变性、不确定性、复杂性和模糊性）的工作场景中。所有这些都必须在一个多元文化的世界中完成，这无疑又增添了一层焦虑感，同时也提醒着我们，需要在许多不同领域提升自己的技能。

同样真实的是，尤其是在西半球，我们成长于这样一种管理文化氛围中：更看重任务的完成，而非人际关系；更看重保持职业距离的交易关系，而非协作型的团队关系。由此营造出的组织氛围常常是：人们仅仅是出于工作的需要，为了实现目标，才勉强容忍会议和团队合作的存在。

谦逊领导者常常会意识到，要实现最重要的更新更好的目标需要将组织中现有的一些文化惯例转变为新型的、经过深思熟虑的"社会—技术文化"层面的应对措施和适应性调整。在本章中，我们提供两个理念和流程工具，以围绕这些新目标促行技能培养：

1. 专注反思，拓宽你对管理、行政和领导力的不同方面的认识。

2. 通过一项练习，帮助你分析当前工作关系的性质和深度，然后判断为了成为更高效的谦逊领导者，这些关系的深度需要在哪些方面做出改变。

练习 9.1 正念反思

请闭上眼睛，回忆你的工作经历。请回忆那些你顺利完成的工作项目或工作任务，当时你与同事、上司和直接下属的处于什么类型关系中。你是否发现那些进展顺利的工作与你和同事之间的 2 级关系存在某种关联？

记忆常常捉弄我们，让我们忘记最重要的是什么。在实际情境中，报酬、奖励和其他实际的利益或许能让人产生深刻的记忆，但我们认为这些往往是次要的。相比之下，与他人建立的 2 级关系带来的回忆，可能被视为最显著的成功。

我们也常常从负面经历中学到更多东西，所以你不妨重复这个回忆练习，回忆那些进展不顺或留下负面印象的工作场景，然后分析这些经历中有多少与关系层级低或关系不当有关。

请思考

- 向一位朋友或同事讲述，你的反思如何让你注意到谦逊领导力的真正内涵中的那些你以前未曾意识到的要点。
- 组成一个 3～4 人的小组，分享各自的见解和经历，看看是否存在一些共同要素是你们在未来的学习中需要重点关注的。
- 在小组讨论结束时，花 5～10 分钟回顾讨论过程，探讨如果再次进行讨论，你们可能会采取哪些不同的做法。

练习 9.2　构建基本关系图

从关系视角分析你当前的工作关系与人际网络，有助于你理解不同关系层级在组织中的含义，以及明确你可能希望在哪些方面提升关系层级。

如果你和对方在互动过程中，彼此对对方的反应都有所预期，那么你们之间就存在了一种关系。从定义上讲，关系是相互的，即使你们并非定期互动，你们之间都对对方有所期待，并且你们都对对方产生了某种影响或作用。

关系图可以以可视化的形式记录你与周围人相处时的体验。它是一种有意识地和明确地展示关系本质的方式，有助于强化或调整你在生活中对待他人以及被他人对待的方式。

步骤1　将自己置于关系图的中心

先准备一张空白纸（建议用 8.5×11 英寸或 A4 尺寸的纸，以便有足够的空间）。在纸张的中心位置画一个直径 1 英寸的圆圈，然后在圆圈内写上自己的名字。

步骤2　代表工作关系的圆圈

在这个代表你的中心圆圈的周围，绘制与你共事的关键人物的圆圈。把他们的名字写在围绕你的这些圆圈里，同时留出空间，以便在梳理过程中添加其他想到的关键关系圆圈。你可以通过圆圈的位置（在中心圆圈的上方、下方或旁边），来表明你认为在组织层级中，这些人处于高于你、低于你或与你平级的地位。

步骤3　代表家庭关系和其他个人关系的圆圈

画出代表那些对你的工作和个人生活有影响的关键家庭成员和社区成员的圆圈。可以包括子女、伴侣或配偶。如果其他亲属对你的工作和个人生活有影响，也可一并纳入。目标是找出那些对你有影响力、对你有期待，且你通常认为与自己有关联的特定人群。

步骤4　代表已失联或未来关系的圆圈

在这张关系图上，你不仅要列入当前正在维系的关系，还要列出这些关系：（a）那些已经失联的关系，无论是因为对方换了工作、疫情改变了你们的联系方式，还是由于其他原因导致关系发生了变化；（b）展望未来，你认为自己将会建立的关系。

此时，你的这张关系图上呈现的内容能帮助你全面了解自己的工作关系网、家庭关系网、朋友关系网以及社区关系网。你要尽可能全面地将这张关系图可视化，它对于揭示内外部力量如何以各种方式影响所有这些关系至关重要。

步骤5　用线条对关系进行分类

现在，你可以在代表你的中心圆圈与每个关系圆圈之间连线，以表示各个关系的紧密程度。对于那些持续存在且在工作日经常联系的关系，画粗实线；对于不太紧密的关系，画虚线或点线。目前，你是仅凭直觉来判断它们是"紧密""一般"或"疏远"的关系；在下一步，我们会给你提供一些分析关系层级的类别，让你能更精确地完善所绘制的关系图。

请保持开放的心态，花些时间把所有你认为与之有关系的重要人物都列出来。如果你是和他人一起做这个练习，或者是在小组中进行，每个人都应该单独完成，然后对比各自绘制的关系图，看看是否遗漏了某些关系类别，如那些虽不在工作场所或家中，但对你的工作或家庭生活有影响的人。

需要注意的一个重点：你可能很想把与你有互动的职能部门、分支机构或岗位角色，都用圆圈表示并纳入其中。第一步这样做没问题，但是，这个练习的主要目的是聚焦于与特定个人的关系，关注的是人，而非他们的角色。所以，如果你已经为某个角色（比如"法务""财务"或"人力资源"）画了一个占位圆圈，那么下一步要明确在这些岗位上与你互动的具体人员。你要试图超越角色关系的概念，这样你就能建立起全人之间的关系。

请花一些时间思考关系的层级

在进入步骤6之前，我们先来回顾一下第2章中详细阐述的一些概念。

参见第2章表2-1中已经介绍过的关系的四个基本层级，它可以帮助你更精确地绘制关系图。

步骤6　为关系图中的线条标注关系层级

确定你的关系图（图9-1）中的每一条连线所代表的关

系层级，用以描述该连接的强度。你可以使用我们给出的关系层级数字（L-1、L1、L2、L2.5、L3），如果你觉得需要更细致的关系分级以契合自身情况，也可以自行创建分级。

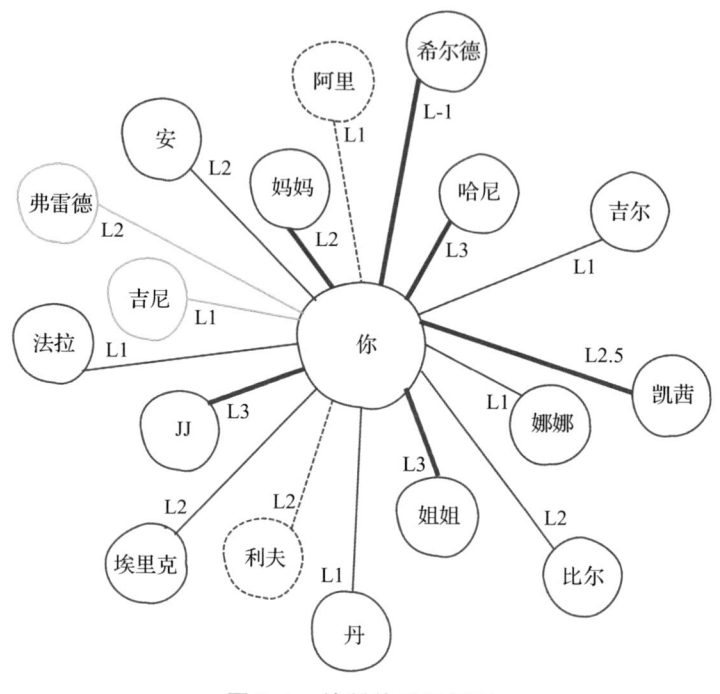

图 9-1　绘制关系层级图

如果你倾向于按不同社交类别区分关系，比如，仅针对工作关系、家庭关系，以及你认为对规划未来很重要的其他任何类别的关系，你可以自由绘制有针对性的多张关系图。即使你第一次认真而全面地完成了这个练习，随着时间推移和关系的变化，随时准备重新绘制关系图也是很有价值的。关系图有助于梳理你在生活与工作平衡方面的复杂动态关系，我们希望它们不仅在当下而且在你规划未来时，都能成为重要的指引。这个练习对于可视化当下的关系或预测未来的关系发展都是十分有益的，我们建议你不时回顾自己的关系图，并根据需要进行修改。

步骤 7　运用关系图规划 2 级关系

请仔细观察那些你标记为 "2 级" 的关系线，在另一张纸上，写下你或对方做了什么，使得关系达到了这种人心化的程度。试着回忆你们所做的具体行为，这些行为让你们不仅仅把对方看作某种角色，而是看作一个完整的人。请试着找出那些让你在心理上感到更安全、更开放且更愿意信任他人的行为。这些行为就是你工作经历中实现人心化的 2 级关系的实例。

步骤 8　利用关系图优化你的领导目标

现在，你要从自己的领导目标出发来展望未来。在展望未来时，是否还有其他人应该出现在你的关系图中？对于你对未来工作的设想和朝着更新更好的方向发展的目标而言，你目前所设定的关系层级是否合适？

步骤 9　利用关系图规划变革

在关系图上找出那些你所标注的层级低于你认为未来所

第四部分　谦逊领导者的体验式学习
Humble Leadership

需层级的关系。确定那些需要进一步建立更深关系的人。以下是有助于指导这个过程的一些小贴士。

- 试着留意自己内心对他人无意识的偏见。
- 承认自己的无知；实际上你可能对他人一无所知。
- 激发你对那个人的好奇心。

为了培养建立关系的正确态度，请思考一下你真正的目的是什么。以下哪些表述反映了你的动机呢？

- 我对你感到好奇。
- 我想了解你的故事。
- 我希望尽快全面地认识你这个人。
- 我希望能够"看见"你，也就是理解你，并对你的处境产生共情。
- 我希望你能对我产生共情。
- 我希望与你开放相待，这样我们就能更好地相互理解。

有时，明确自己不想做什么也同样重要。

- 我不想评判你。
- 我不想剖析你或看透你。
- 我不想试探你。

总　　结

关系图不过是一种将那些对你的工作有重要影响的联系和关联可视化的方式。关系图可能与组织结构图或工作流程图几乎没有关系，而这恰恰是绘制关系图的价值所在。在那些充满活力、不断变化且努力在被外部力量颠覆之前先进行自我革新的创新型公司中，我们希望看到的关系图更像是一幅复杂神经系统的示意图，而非一张井然有序的流程图。关系图并无对错之分。如果自行制定绘图规则能帮助你将那些关键联系可视化，从而找出阻力最小的路径或找到变革举措面临的阻碍因素或阻力来源，那你就制定属于自己的绘图规则吧。

讨论题

- 基于你的人际关系图，你对于如何进一步发展某些特定关系，有哪些选择和途径呢？
- 请找出一两个需要下功夫经营的关系，这里说的"需要经营"是指你想要建立一段新关系，或者改变现有关系的层级。为了实现你的目标，你需要做些什么？
- 请预想一下，人心化互动在实际中会如何表现。你需要磨炼或培养哪些技能？（下一章将提供一些帮助。）

第 10 章

谦逊领导力的行为和团队技能

我们大多数人已经知道如何在社交活动和个人活动中展现人心化的互动。你具备这些技能，但由于你可能从未在工作场景中有意识地运用过它们，所以你或许需要花些时间思考这些技能具体是什么，并进行练习，针对你自己设定的这个新目标不断精进这些技能。为了帮助你，我们提供了以下这个关于谦逊情境力的小组练习。

学习准确地观察

练习 10.1　柠檬练习

这个练习在 10～25 人的小组中进行效果很好，它大约需要 30 分钟，并需要一名引导师来引导以下步骤。我们喜欢在组建新小组时采用这个练习，因为它能让所有参与者处于平等地位，无论他们在小组中的身份或职级如何。

给引导师的指示说明

步骤 1　准备一个袋子，装入与参与者人数相同数量的柠檬。

步骤 2　请挑选出一个柠檬，让小组成员尽可能多地说出柠檬的特征，如形状、颜色、质地等，同时你在活动挂图或白板上记录下他们的观察结果。

步骤 3　让小组中的每一位成员从袋子里拿出一个柠檬。

步骤 4　给出以下指示："现在，请你们每个人都熟悉一下自己拿到的柠檬；仔细观察它，并简要记录下一些细节特征，以便帮助自己记忆。"

步骤 5　3分钟后说："现在，找到一位伙伴，互相介绍自己手中的柠檬。详细地描述你注意到的自己柠檬的特点。"

步骤 6　大约3～5分钟后，把所有柠檬都收回袋子里，然后找一块开阔的桌面或地面空间，把柠檬倒出来，对大家说："你们每个人都去找到自己刚才手中的那个柠檬。"这大概需要5～10分钟，具体时长取决于小组人数。

步骤 7　等每个人都拿到一个柠檬后,问道:"你们当中有多少人确定自己找到的是最初拿到的那个柠檬?"

步骤 8　在大多数小组中,每个人都会自豪地表示自己拿到的是原来的那个柠檬。如果有小组成员不确定,就让他们相互比较手中的柠檬,这几乎总能确定对错。

步骤 9　现在,让小组成员再次查看他们共同观察一个柠檬时所记录的内容,然后提问:"这些标准对你找到自己的柠檬有多大帮助?"这里的意图是,当小组观察一个具有代表性的柠檬时,他们的观察往往是笼统的和概括性的,而当每个人都有自己的柠檬时,他们就会更加关注那些使自己手中的柠檬与众不同的细节。

步骤 10　请小组成员讨论,他们是如何发现自己手中柠檬的独特之处的,这些独特之处如何帮助他们向他人介绍自己的柠檬,以及如何帮助他们在一堆柠檬中再次找到自己的那一个。

总结

让小组成员讨论,这个练习对思考我们如何建立人际关系有何帮助。你已经具备了人类的感知能力,能够识别出一个不会回应你询问的水果的独特特征。请设想一下,如果你在与他人建立关系的练习中，带着同样的专注、敏锐和谦逊的态度，那么你在建立联系和共情方面将会有多大的提升。即使没有其他的收获，柠檬练习也展示了如何把自身的信息不足／背景知识的欠缺以及好奇心，转化为建立关系的强大能力。

学习新行为以改变关系层级

改变关系层级意味着什么？尤其是当你面对一个完全陌生的人，或者是与你仅有简单的事务性往来的人时。你在行为上有哪些选择呢？

练习10.2　从零开始建立一段关系

学会提出恰当的问题并恰当地展示自己的信息，这是建立关系的关键。请与两位同事一起进行这个练习，大约需要20分钟。

步骤1　请找到两位同事，你们要么根本不认识，要么只是有点事务性往来。

步骤2　打印并分发以下材料，供每个人阅读：

一切都是通过对话来实现的。如果你要与一个新认识的人开启对话，并且希望对话更人心化，你有哪些方法和选择呢？你的基本选择是从比平常更私人化的提问入手，还是先透露一些关于自己的较为私人的事情。随着对话的深入，你和对方会自然而然地反复做出这种选择。这并没有固定的模式，但你选择透露的内容至少应与工作场景大致相关。（许多常见的"破冰话题"并不相关，比如互相询问最喜欢的动物或食物是什么。相比之下，询问某人之前在哪里工作可能相关度就高一些。）

以下是一些关于如何提问的建议。

- 从向陌生人提出在文化上可接受的问题入手。
- 提出你不知道答案的问题。
- 不要一开始就打听别人的整个人生经历，而是从小问题入手，比如问他们在哪里长大。
- 提出能引发叙述的问题："你是怎么来这里工作的？你喜欢自己居住或工作的地方的哪些方面？"
- 留意对方个人化且独特的细节。
- 回应时保持兴趣，同时注意符合文化习俗。

- 让自己顺着好奇心探索新的询问方向。
- 如果对方回答得很笼统，请对方举一个例子说明。

以下是一些当你向他人敞开心扉时可以使用的小贴士。

- 分享一些关于你自己的个人信息来开启对话。
- 留意对方是否感兴趣，是否在认真倾听你说话。
- 根据对话的进展，决定是进一步透露更多自己的信息，还是切换到提问模式。

在每一次交流中，你都会体验到一种被理解、被接受或不被接受的感受，然后你可以利用这些感受来采取下一步的行动。建立关系是一个相互学习的过程，可能会出现失误、尴尬或难堪，但要记住，在这个过程中，错误是不可避免的，但通常并无大碍，你还能从错误中吸取教训。对于对方告诉你的事情，你可能也会有一些反应，这些反应可以指引你判断是否想要进一步发展这段关系。在实践中，这一切都发生得很快，但你可以试着留意自己的反应和感受，将其作为判断下一步该说什么或做什么的指引。

步骤 3 假设你们在飞机上相邻而坐，并决定互相认识一下。请彼此交谈 10 分钟。

步骤 4 现在，请用 5 分钟分析你们的对话。做一次"过程分析"，看看哪些做法有效，哪些无效，以及未来你会做出哪些不同的改变。

步骤 5 从现在开始，计划将这种过程分析（如步骤 4 所述）纳入你所有的学习练习中。你会发现，回顾自己的行为总会揭示出一些重要的细微差别，这些差别能帮助你识别哪些方面可以做得更新更好。在上述例子中，你可能会学到在未来与陌生人交谈时如何换一种方式开场或做出不同的反应。

过程分析能够教会你如何学习，尤其是在小组练习中，你会发现，学会如何与伙伴共同学习是最大的收获。现在，请将这些技能整合起来，试着在工作中与某人建立一段新关系吧！

在你的工作关系中，规划和实施一些改变

练习 10.3　在关系图中创建一个新的关系层级

步骤 1 回顾你的关系图（参见练习 9.2），找出一条你希望提升至 2 级关系的关系线。

步骤 2　与对方安排一次会面,并为自己制定一个计划,明确如何通过提问或分享自身情况来加深这段关系。

步骤 3　在整个交谈过程中,留意自身的感受,并密切观察对方的反应。

步骤 4　找一个人分享这段经历,并请他们帮你反思所学到的东西。

这个练习旨在向你表明,建立和维护人际关系并非神秘莫测。我们所说的"人心化",在你日常的社交关系中时刻都在发生,但你可能并未意识到这种人际关系的建立与你的工作生活之间的相关性。我们认为,未来想要高效工作并乐在其中,关键在于认识到基于角色的交易关系的局限性,同时重视2级全人关系的力量,以营造职场日益需要的开放与信任氛围。

群体决策中的谦逊领导力

当你作为会议成员、会议召集人,或是当一群人试图变成一个团队时,你可能会迎来尝试更新更好的方法的绝佳契机。

群体工作最重要事情之一就是群体决策。我们希望向你

第四部分　谦逊领导者的体验式学习
Humble Leadership

重点介绍群体决策的多种方式，以及不同决策方式所带来的积极影响和消极后果。

练习 10.4　群体决策的多种方式

本练习大约需要 30 分钟，为了达到最佳学习效果，需四人或更多人参与。

步骤 1　引导师口头给出以下指示，或者打印出来分发给每位小组成员。

> 你们有 10 分钟时间，找出卓有成效的谦逊领导者的 10 个最重要特质，并按重要性进行排序。

步骤 2　10 分钟结束后，询问小组成员在执行任务时使用的决策流程。在活动挂图或白板上写下这些决策方式。

步骤 3　分发表 10-1，逐项回顾材料，询问小组成员在小组决策过程中是否注意到这些方法。

理解群体如何决策，对于领导一群陌生人组成的小组，以及在不同场景、不同时间压力下管理各类会议都极为重要。作为一名谦逊领导者，当团队偏离正轨，并做出导致不良后果的决策时，要能以恰当的谦逊情境力察觉这一点是至关重要的。我们将这些情况称为使用错误决策流程的陷阱。

表 10-1 群体决策的八种不同方式

1	2	3	4	5	6	7	8
建议被忽略	自行授权	少数人决定	先讨论，再投票	投票	民意调查	共识测试	全体一致同意
有人提出某个建议，但无人回应，没有任何行动。这是小组"扑通"一声消失了。	一个人提出建议，另外一两个人表示赞同，于是没有人反对，于是小组就按照此建议行事。	一个人提出建议，如果没有多人反对，然后按此执行。	一人或多人提出建议，在就该建议进行投票前，先进行一段时间的讨论。小组设定讨论的时限，之后进行投票，并按多数人的意见行事。	投票可以通过多种方式进行，如举手投票或无记名投票。	所有成员都被要求向小组说明自己在这个问题上的立场，并解释自己的观点。只有当每个人都发言完后，小组才会继续推进。无论该过程还是仅仅通过开放式对话的方式。	陈述一个可能的决策，然后询问成员们："如果我们无法认同这个决定，有没有实施这个决定？"如果有一名或多名成员表示反对，那么每位反对者都要解释他们反对的理由，然后小组会以同样的方式测试一个新的可能的决策。即使他个人仍持不同意见但也能够支持并执行这个共识，就达成了共识。投票表决以成再回到共识表决的方式。	当讨论或开始调查一开始就显示，每个人都同意所提出的内容，且共识测试也证实了这种一致性时，就会出现全体一致同意的情况。

注：基于1956年美国国家培训实验室首次举办的工作坊内容。

意外后果,或需要避免的"陷阱"

- 沉默并不一定意味着同意;有时它仅仅表示不愿反对或不愿透露重要且相关的信息(尤其是在决策方式1~4中)。在某些情况下,沉默可能反映出全体的反对意见,而这可能导致做出无人想要的决策。
- 在缺乏心理安全感的情况下做出的决策,会使决策方式1~4变得不可靠,也会影响其他决策方式的结果。小组成员可能出于恐惧,或者因为选择附和多数人或他们尊敬的人,而隐瞒重要信息或保留反对意见。
- 地位差异会削弱资历较浅成员的公开表达,进而阻碍他们分享相关信息。
- 投票往往会产生一个少数人群体,一旦小组决策做出,这个群体就可能会破坏决策的执行。这可能为未来的冲突埋下隐患,这些冲突包括阻碍小组建设,或者为小团队的分裂创造条件。
- 公开投票会引发模仿行为,助长群体思维,进而产生一种虚假的共识感。
- 在投票产生"反对派"之前,应该持续进行民意调查,以寻求共识并识别潜在的反对意见。共识测试可以询问："如果我们做出这个决策，你们都能接受吗？"如果存在反对意见或保留态度，小组应该花时间探讨，给反对者时间来阐述他们的观点，然后要么修改决策，要么争取反对者的同意来支持该决策。

- 如果民意调查揭示了新方向或新信息，就应当再次进行共识测试，直至所有人都同意支持并执行该决策。
- 每一项决策都可以考虑采取这八种决策方式中的任何一种，小组应在决策过程开始之时就商定将采用哪一种决策方式。

步骤4　至少花10分钟回顾你注意到的群体决策陷阱，并讨论小组本可以采取哪些措施来避免你所观察到的负面后果。这次讨论还应强调，谦逊领导力可以来自小组中的任何成员，而不仅仅是召集人或地位最高的人。

总　　结

我们以聚焦群体动力学来结束这本关于领导力的书，希望这并不让人感到意外。在过去几年里，我们多次提到"领导力是一项群体运动"。谦逊领导者知道，关注并改善群体行为与建立至少达到 2 级的人际关系直接相关，群体所知晓的东西比任何个体都要多。谦逊领导者认识到"察言观色"的重要性，其要感知群体的行为模式，还要知道当群体行为出现恶化时，该如何通过恰当的问题（内容和流程）进行干预。

接纳并利用群体内部和群体之间的相互依存关系并没有错，尤其是在追求自身独立性可能导致彼此孤立的情况下。最终，那些能够在开放和信任的关系中建立协同效应的群体，将更有可能取得卓越的成就。

参考文献

Christensen, Clayton M. (1997) *The Innovator's Dilemma: When New Technologies Cause Great Firms to Fail.* Boston: Harvard Business School Press.

Edmondson, A. C. (2012) *Teaming: How Organizations Learn, Innovate, and Compete in the Knowledge Economy.* San Francisco: Jossey-Bass, Wiley.

Edmondson, A. C., Bohmer, R. M., & Pisano, G. P. (2001) "Disrupted routines: Team learning and new technology implementation in hospitals." *Administrative Science Quarterly* 46, 685–716.

Ernst, C., & Chrobot-Mason, D. (2011) *Boundary Spanning Leadership: Six Practices for Solving Problems, Driving Information, and Transforming Organizations.* New York: McGraw-Hill.

Ferdman, B. M., Prime, J., & Riggio, R. E. (eds.) (2021) *Inclusive Leadership: Transforming Diverse Lives, Workplaces, and Societies.* New York: Routledge.

Friedman, T. (2016) *Thank You for Being Late.* New York: Farrar, Straus & Giroux.

Fussell, C. (2017) *One Mission: How Leaders Build a Team of Teams.* New York: Macmillan.

Gibson, W. (2003, December 4) "Cities and health." *The Economist,* 4(2), 5.

Gittell, J. H. (2016) *Transforming Relationships for High Performance: The Power of Relational Coordination.* Stanford, CA: Stanford University Press.

Grabell, M. (2017) "Exploitation and abuse at the chicken plant." *New Yorker*, May 8, pp. 46–53.

Grant, A. (2013) *Give and Take: A Revolutionary Approach to Success.* New York: Penguin Books.

Greenleaf, R. K. (1977) *Servant Leadership: A Journey into the Nature of Legitimate Power and Greatness.* New York: Paulist Press.

Greenleaf, R. K. (2002) *Servant Leadership: A Journey into the Nature of Legitimate Power and Greatness* (25th anniversary ed.). New York: Paulist Press.

Heifetz, R. A. (1994) *Leadership without Easy Answers.* Cambridge, MA: Harvard University Press.

Johansen, B. (2017) *The New Leadership Literacies: Thriving in a Future of Extreme Disruption and Distributed Everything.* Oakland, CA: Berrett-Koehler.

Kahneman, D. (2011) *Thinking Fast and Slow.* New York: Farrar, Straus & Giroux.

Kenney, C. (2011) *Transforming Health Care: Virginia Mason Medical Center's Pursuit of the Perfect Patient Experience.* New York: CRC Press.

Kornacki, M. J. (2015) *A New Compact: Aligning Physician-Organization Expectations to Transform Patient Care.* Chicago: Health Administration Press.

Kouzes, J. M., & Posner, B. Z. (2016) *Learning Leadership: The Five Fundamentals of Becoming an Exemplary Leader.* San Francisco: Wiley.

Marquet, L. D. (2012) *Turn the Ship Around: A True Story of Turning Followers into Leaders.* New York: Portfolio/Penguin.

McChrystal, S. (2015) *Team of Teams: New Rules of Engagement for a Complex World.* New York: Portfolio/Penguin.

Nelson, E. C., Batalden, P. B., & Godfrey, M. M. (2007) *Quality by Design: Developing Clinical Microsystems to Achieve*

Organizational Excellence. New York: Wiley.

Pfeffer, J. (2010) *Power: Why Some People Have It and Some People Don't.* New York: Harper Business.

Plsek, P. (2014) *Accelerating Health Care Transformation with Lean and Innovation.* New York: CRC Press.

Ricci, R., & Weise, C. (2011) *The Collaboration Imperative: Executive Strategies for Unlocking Your Organization's True Potential.* San Jose, CA: Cisco Systems.

Sahlins, M. (1981) *Historical Metaphors and Mythical Realities: Structure in the Early History of the Sandwich Islands Kingdom.* Ann Arbor, MI: University of Michigan Press.

Schein, E. H. (1985) *Organizational Culture and Leadership.* New York: Wiley.

Schein, E. H. (1996) *Strategic Pragmatism.* Cambridge, MA: MIT Press.

Schein, E. H. (1999) *Process Consultation Revisited.* Reading, MA: Addison-Wesley.

Schein, E. H. (2003) *DEC Is Dead: Long Live DEC.* Oakland, CA: Berrett-Koehler.

Schein, E. H. (2009) *Helping.* Oakland, CA: Berrett-Koehler.

Schein, E. H. (2013) *Humble Inquiry.* Oakland, CA: Berrett-Koehler.

Schein, E. H. (2016) *Humble Consulting.* Oakland, CA: Berrett-Koehler.

Schein, E. H., & Bennis, W. G. (1965) *Personal and Organizational Change through Group Methods: The Laboratory Approach.* New York: Wiley.

Schein, E. H., & Schein, P. A. (2017) *Organizational Culture and Leadership* (5th ed.). New York: Wiley.

Schein, E. H., & Schein, P. A. (2018) *Humble Leadership.* Oakland, CA: Berrett-Koehler.

Schein, E. H., & Schein, P. A. (2019) *The Corporate Culture Survival Guide* (3rd ed.). San Francisco: Wiley.

Schein, E. H., & Schein, P. A. (2021) *Humble Inquiry* (2nd ed.). Oakland, CA: Berrett-Koehler.

Silversin, J., & Kornacki, M. J. (2000 and 2012) *Leading Physicians through Change* (1st and 2nd ed.). Tampa, FL:

ACPE.

Suchman, A. L., Sluyter, D. J., & Williamson, P. R. (2011) *Leading Change in Healthcare: Transforming Organizations Using Complexity, Positive Psychology and Relationship-Centered Care*. New York: Radcliffe Publishing.

Sutton, R. (2007) *The No Asshole Rule: Building a Civilized Workplace and Surviving One That Isn't*. New York: Warner Business Books, Hachette Book Group USA.

Valentine, M. (2018, October 11) "When equity seems unfair: The role of justice enforceability in temporary team coordination." *Academy of Management Journal 61(6)*. https://doi.org/10.5465/amj.2016.1101.

Valentine, M. A., & Edmondson, A. C. (2015) "Team scaffolds: How mesolevel structures enable role-based coordination in temporary groups." *Organization Science* 26(2), 405–422.

致　谢

这本书由来已久。对埃德加而言，其根源可追溯到1956年他在麻省理工学院的第一份工作，那时埃德加从导师兼上司的道格拉斯·麦格雷戈（Douglas McGregor）那里学到了很多。谦逊领导力的精髓是从麦格雷戈的经典著作《企业的人性面》（1960）以及他作为领导者的个人行为中学到的。

在职业生涯中，我们结识了许多谦逊领导者。其中包括埃德加的一些客户：数字设备公司（Digital Equipment Corporation）的肯·奥尔森（Ken Olsen）、汽巴–嘉基公司（Ciba-Geigy）的山姆·凯希林（Sam Koechlin）、联合爱迪生公司（Con Edison）的吉恩·麦格拉思（Gene McGrath）、核电运营研究所（Institute of Nuclear Power Operations）的詹姆斯·埃利斯（James Ellis），以及弗吉尼亚·梅森医

致　谢
Humble Leadership

疗中心（Virginia Mason Health Center）的加里·卡普兰（Gary Kaplan）。对彼得而言，颇具影响力的谦逊领导者包括太平洋贝尔公司（Pacific Bell）的泰德·韦斯特（Ted West）、苹果公司（Apple）的詹姆斯·艾萨克斯（James Isaacs）和克里斯·布莱恩特（Chris Bryant）、硅图公司（SGI）的简·泰勒·博克（Jan Tyler Bock），以及太阳微系统公司（Sun Microsystems）的布莱恩·萨芬（Brian Sutphin）和乔纳森·施瓦茨（Jonathan Schwartz）。

埃德加的同事洛特·拜林（Lotte Bailyn）、约翰·范·马南（John Van Maanen）、鲍勃·麦柯西（Bob McKersie）、奥托·沙尔默（Otto Scharmer），以及已故的沃伦·本尼斯（Warren Bennis），都是建立良好人际关系的典范。埃德加认同他们作为教师和同事所展现出的谦逊与好奇心，向他们学习。埃德加还从已故的理查德·贝克哈德（Richard Beckhard）那里学到了如何在复杂情况下成为一名谦逊领导者，理查德在与同事和客户建立人心化关系方面堪称天才。

感谢众多过去和现在颇具影响力的组织发展领域的同事，按人名首字母顺序罗列如下：迈克尔·布林姆（Michael Brimm）、沃纳·伯克（Warner Burke）、格维塞·布什（Gervase

共同开发了一个关于医疗保健的工作坊；还要感谢新罕布什尔大学的玛乔丽·戈弗雷（Marjorie Godfrey）、杰夫·理查森（Jeff Richardson）、林恩·韦尔（Lynn Ware）和金伯利·威夫林（Kimberly Wiefling）。埃德加还从阿利安特国际大学的亲密同事乔·桑兹吉里（Jo Sanzgiri）、她的搭档朱莉·贝尔图切利（Julie Bertuccelli）以及她的学生玛尼沙·巴贾杰（Manisha Bajaj）那里学到了很多。

在海外，与我们一同探讨这些理念的同事包括英国NTL公司的菲利普·米克斯（Philip Mix）、新加坡的莉莉·程（Lily Cheng）和彼得·程（Peter Cheng），尤其是小川让一（Joichi Ogawa），在过去20年将我们的研究成果引入日本的过程中，他已成为我们的一位亲密同事。

我们也有机会在组织设计论坛（Organization Design Forum）中验证其中一些想法，在那里我们与玛丽·温比（Mary Winby）、斯图·温比（Stu Winby）以及克劳迪娅·墨菲（Claudia Murphy）密切合作。同样，我们非常感谢未来研究所（Institute for the Future）的鲍勃·约翰森（Bob Johansen），感谢他在如何思考未来方面给予的建议，以及让我们有机会与他的一些同事探讨想法。

与其他书籍一样，我们深深感激我们的编辑兼出版商史

致　谢
Humble Leadership

蒂夫·皮尔桑蒂（Steve Piersanti）。没有他以及吉万·西瓦苏布拉马尼亚姆（Jeevan Sivasubramaniam）的指导，这本书不可能问世。

最后，我们要感谢我们最亲近的家人，路易莎·沙因（Louisa Schein）、利兹·克伦格尔（Liz Krengel），尤其是杰米·沙因（Jamie Schein），还有埃德加的孙辈们。他们听闻、回应、质疑并完善了我们对于谦逊领导力在未来影响的思考，而他们将亲身经历这些影响并为子孙后代塑造未来。